미즈키 시게루의
라바울 전기

미즈키 시게루 지음 | 김효진 옮김

AK TRIVIA SPECIAL

목차

시작하며

이 『라바울 전기(戰記)』는 3부로 나눠져 있다. 제1부의 그림은 1949년부터 1951년경까지 발표를 염두에 두지 않고 그린 『라바울 전기』이다. 글은 후에 다시 쓰기로 하고 중단했다.

이어지는 나의 라바울 체험 제2부에는 1985년 출간된 『딸에게 들려주는 아빠의 전기(娘に語るお父さんの戰記)』에 싣기 위해 그린 그림을 수록했다.

제3부는 종전과 동시에 이송된 토마(Toma)라는 곳에서 그린 스케치이다. 갱지에 연필과 위문봉투에 들어 있던 크레용을 사용해 그렸다.

전쟁이 끝난 후 남태평양의 라바울(Rabaul)에서 돌아온 나는 국립 사가미하라병원(과거의 제3육군병원)에 입원했다. 입원이라고는 했지만 허름한 아파트에 들어가 사는 느낌이었다. 그곳에 있는 동안 무사시노미술학교(당시에는 조형미술학원이라고 불렀다)에 응시했다.

합격은 했지만 학교에 가려면 매달 수업료를 내야 했다. 당장 시작한 것이 쌀장사였는데 식량 통제 때문에 쉽지 않았다.

그 후로도 생선 장수, 인력거꾼, 거리 모금 등 1년 반 남짓 아르바이트를 하느라 학교에는 한 달에 두세 번, 이를테면 수업료를 낼 때

말고는 거의 가지 않았다. 아르바이트가 본업이 되어버린 것이다.

이대로는 안 되겠다 싶어 생선 장수를 마지막으로 기치조지(吉祥寺)역 근처에 방을 얻어 학교를 다녔다. 수업을 마치고 집에 돌아오면 매일 이 '전기물'을 그렸다.

그러다 서너 달 후 학비는커녕 밥도 제대로 먹지 못할 지경이 되면서 학교를 그만두고 말았다. 그와 동시에 이 '전기물'도 클라이맥스에서 중단되었다. 죽기살기로 일하지 않으면 배를 곯을 수밖에 없는 상황이었던 것이다.

서론이 길어졌지만, 이제부터 이 기괴한 전기물에 대해 설명한다.

이야기는 일본 본토에서 라바울로 출발하는 것부터 시작되지만, 그 전부터 반년 남짓 돗토리(鳥取)연대 소속으로 엄청난 구타를 당해 왔던 미즈키 선생에게 전쟁은 이미 반년 전에 시작되었다고 볼 수 있다.

이 이야기는 모두 갱지의 앞·뒷면에 그린 그림만으로 전개되기 때문에 설명이 없으면 이해하기 힘들다. 게다가 설명할 사람은 나 하나뿐인 것이다.

지쿠마쇼보의 마쓰다 선생님의 권유로 다시금 이 이야기를 해설해 보기로 했다.

1994년 1월
미즈키 시게루

『라바울 전기』 제1부
출발

본토에서 라바울로 출발

    소리도 내지 못하는 나팔을 불어대느라 지친 미즈키 이등병은 인사계 상사를 찾아가 "그만두게 해달라"고 호소했다.

    "남쪽이 좋은가, 북쪽이 좋은가"라는 상사의 물음에 "남쪽"이라고 대답해 남방 전선 배치가 결정되었으나 당시(1943년 11월경) 남방 전선은 뉴기니(New Guinea)섬이 함락되고 라바울 근처의 부건빌(Bougainville)섬은 물론 11월에는 라바울이 있는 뉴브리튼(New Britain)섬에까지 적군이 상륙한 상태였다. 막연히 힘든 곳 정도로만 알고 있던 이등병은 태평했다. 하지만 어쩐지 불안한 마음은 감출 수 없었다.

모지항

　기후(岐阜)에서 기차를 탔는데 화물열차가 아니라 여객열차였던 덕분에 시모노세키(下關)까지 앉아서 올 수 있었다. 시모노세키에서 출항하는구나 싶었는데 기타큐슈(北九州)의 모지(門司)에서 출항하는 것이었다. 무슨 배일지 궁금해하던 중 제법 좋은 배 두 척이 눈에 들어왔다. 당시 새로 건조된 가마쿠라마루와 닛타마루라는 배였다.

　"설마 저 배는 아니겠죠?"라고 상등병에게 묻자 그가 "멍청한 놈, 저렇게 좋은 배를 타고 갈 리 없잖아"라고 퉁명스레 말했다. 그 핀잔에 그럼 그렇지, 하고 말았는데 상등병님의 말씀과 달리 우리가 타고 갈 배는 아까 본 그 좋은 배였다. 일본은 아직 부자구나, 하고 감사한 마음으로 배에 올랐는데….

　당시는 일본을 떠나 외지로 가면 다시 돌아올 수 없을 거라는 생각에 다들 말없이 침울한 표정을 짓고 있었다. 수많은 병사들이 있었지만 선내는 쥐죽은 듯 조용했다.

출항

　선내에는 선실이 무려 3단으로 되어 있었다. 사람이 아니라 돼지나 염소를 수송하는 구조였던 것이다.

　'우리 선실은 더 안쪽이겠지'라고 생각하고 있는데 그 3단짜리 돼지 수송용 선반 같은 그곳이 바로 우리가 머물 곳이라는 말을 듣고 다들 깜짝 놀랐다. 그래도 아프리카 흑인들이 탔던 노예선보다는 낫다며 체념했다.

　적어도 다리는 뻗고 잘 수 있었다. 참으로 감사한 일이라고 생각하는 사이 출항했다.

　"다들 잘 봐둬. 이게 마지막일지 모르니"라는 중사님의 반쯤 자포자기한 듯한 말에 밖으로 나가보니 어느덧 해가 기울고 있었다.

　배는 생각보다 컸다. 또 선수와 선미에는 고사포를 싣고 있었다. 속도도 말도 안 되게 빠른 훌륭한 배였다.

　본토와는 이제 영영 이별인가, 하며 바다를 바라보고 있는데 "모두 선실로 집합!"이라는 소리가 들려왔다.

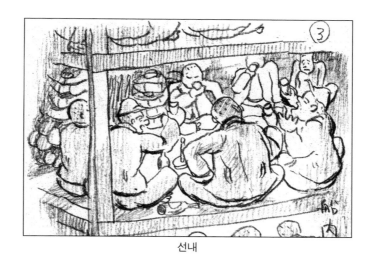
선내

술이 배급되었다. 술을 나르거나 나눠주는 일은 모두 신병들의 몫이다. 자칫 실수라도 하면 즉각 뺨이 얼얼해질 정도의 따귀 세례.

무엇보다 선실 하나를 3단으로 나누어 쓰다 보니 숨이 막혀 죽을 지경이었다.

2, 3일 지나자 남쪽 바다로 접어들었는지 파도도 잦아들고 물결은 아름다운 거울처럼 빛났다.

하늘에는 온통 뭉게구름이 가득했다. 사방이 물과 뭉게구름뿐인 기묘한 절경에 입이 다물어지지 않았다. 과연 지구는 둥글었다.

대엿새 정도 지났을 무렵 팔라우에 도착했다. 물과 숲이 아름다웠다.

반나절쯤 지나 상륙이 결정되었다. "뭐야, 라바울이 아니라 팔라우였어?" 하고 혼잣말을 하는데 "신병 주제에 아는 척하긴!" 하는 소리와 함께 이유 없이 양쪽 뺨에 따귀가 내리꽂혔다.

'선임병님, 주의 감사합니다'라고 생각해야 한다. 선임병의 명령은 천황 폐하의 명령과 같다는 알듯 말듯 한 규칙 같은 것이 있었다.

팔라우

작은 배로 팔라우(Palau)의 코로르(Koror)라는 곳에 상륙했다. 남쪽 나라의 아름다운 섬들(팔라우 주변에는 특히 작은 섬이 많다)을 바라보고 있는데 "거기 너, 뭘 하고 있나!"라는, 풍경과 전혀 어울리지 않는 고성이 들려왔다. 그 성난 목소리에 정신이 번쩍 들어 주위를 둘러보니 다들 상륙하고 나만 혼자 남은 것이었다. 특별히 '군인칙유'를 암송하라는 명령과 함께 마지막은 역시 따귀 작렬. (감사합니다!!)

상륙했지만 준비가 잘되지 않았는지 여섯 시간이나 그대로 대기했다. 장교들은 지도를 보며 방향을 가리키거나 바쁘게 돌아다녔다.

선임병들 주위에 있으면 이래저래 귀찮은 일이 많기 때문에 볼일 보러 가는 척하며 돌아다녔다.

마침내 배가 도착해 "코로르에서 본섬으로 이동한다!"는 지시. '뭐야, 본섬이 따로 있었군' 하고 속은 듯한 기분으로 걷기 시작했는데 섬이라고 하기에는 터무니없이 크고 코로르처럼 아름답지도 않다. 흔한 남쪽 지방의 섬 같은 느낌.

행군

　하루 종일 말없이 걷기만 했다. 뱃멀미 때문에 지친 병사들이 하나 둘 쓰러졌다. 그리 많진 않았지만 쓰러진 후 어떻게 될지 궁금했다.

　나중에 알았는데 쓰러진 병사는 트럭에 실려갔다.

　그럴 줄 알았으면 나도 쓰러질걸 하고 후회했지만 이미 때는 늦었다. 30kg이나 되는 배낭을 짊어지고 묵묵히 걸었다.

　어디로 가는지, 얼마나 머물 예정인지 아무것도 알지 못했다.

　그저 뒤처지면 분대장이라고 칭하는 콧수염을 기른 병장의 불호령이 떨어졌다. 때로는 심한 따귀 세례를 퍼부으며 소나 말처럼 취급했다.

　특히 독자적인 행동을 자주 하던 나는 감시의 대상이었던 듯하다. 다른 신병들보다 따귀를 맞는 횟수도 월등히 많았다.

　반성이라는 것을 몰랐던 것이다. 한번 주의를 받고도 계속해서 같은 행동을 하니 얻어맞았던 것인데 한마디로 '군사(軍事)'에 무관심했던 것이다.

가트팡

　도착한 곳은 가트팡(Ngatpang)이라는 지역이었다.

　한 분대에 열 명 정도의 병사가 있었는데, 그중 다섯이 신병이었다. 그 다섯 명이 선임병들의 식사 준비부터 설거지를 도맡아 하고, 심한 경우 훈도시(일본 전통의 남성 속옷)까지 빨아야 했다.

　하느님과 동급인 선임병들은 군인들이 주둔할 수 있게 만들어놓은 막사(幕舍) 안에서 종일 수다를 떨었다. 우리는 침상 정리까지 도맡아 하고서도 느리다는 둥 서툴다는 둥 온갖 트집을 잡혀 매일 잔소리를 듣고 운이 나쁘면 얻어맞기까지 했다.

　어느 날, 설거지를 하고 왔더니 다른 신병들이 체조를 하고 있었다. 나는 중간에 왔으니 안 해도 되겠지 하고 가만히 있었다.

　한 선임병이 "다른 신병들은 다 하는데 너만 안 하면 큰일 날 텐데"라고 했지만 못 들은 척했다. 같이 해야 했지만 귀찮았던 것이다.

　결국 나만 분대장에게 3분간 따귀를 얻어맞았다. '건방진 신병'이라는 이유에서였다.

장기자랑

마구간 아니 돼지우리 같은 막사는 언덕 위에 있고 물은 골짜기에 있었다. 물을 길어오려면 수시로 골짜기를 왔다 갔다 해야 했다.

"대체 얼마나 더 이곳에서 머물러야 합니까?"라고 물었지만 아무도 대답하지 않았다.

체재가 길어지자 병사들이 나태해질 것을 걱정한 지휘관은 '훈련'을 지시했다.

이런 곳에서 훈련이라니 해도 너무 한다는 생각을 하고 있는데, 그런 병사들의 마음을 읽었는지 갑자기 장기자랑이 열렸다.

1개 대대급 부대에 600명 남짓한 병사가 있었는데 그 안에 재주꾼들이 그렇게 많을 줄은 몰랐다.

가장 인기가 있었던 것은 늘 그렇듯 여자 흉내를 내는 병사였는데 '미인'일수록 인기가 있었다.

한창 젊은 나이의 병사들은 허구한 날 '여자' 이야기만 했다.

빨래

　매일 밥을 짓다 보니 근처에 땔감이 떨어져 멀리까지 나무를 하러 가게 되었다. 다른 신병들은 착실히 두세 그루씩 땔나무를 가지고 돌아왔다. 늘 한 그루만 달랑 해오는 미즈키 이등병은 이번에도 "대체 네 녀석은 뭘 하고 다니는 것이냐"며 따귀 세례.

　반찬은 말린 채소뿐인 데다 그마저도 양이 적었다. 고기를 먹고 싶은 마음에 산속을 뒤져보았지만 산에서 찾은 것이라고는 '달팽이'뿐이었다. 그것도 대형 달팽이였다. 요리사 견습생 출신이라는 한 병사가 "프랑스에는 에스카르고라는 달팽이 요리가 있다"고 했다.

　땔감을 모아 불을 지피고 대형 달팽이를 불 위에 올려놓았지만 아무도 선뜻 먹지 않았다. 괜히 이상한 걸 먹고 탈이 나면 끝장이기 때문이다. 하지만 용감한 병사가 한 명 있었다. 다름 아닌 미즈키 이등병이다. 시커멓게 구워진 대형 달팽이를 덥석 집어 입에 넣더니 "이거, 맛있네"라고 하자 다들 앞다퉈 달팽이를 먹기 시작했다. 대형 달팽이 예닐곱 개 정도는 먹었던 것 같다. 남달리 위가 튼튼한 미즈키 이등병은 뭐든 닥치는 대로 먹었다.

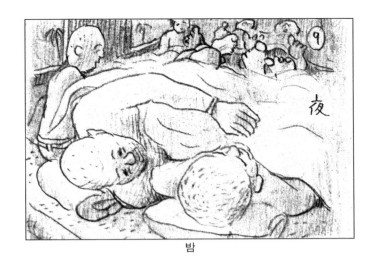
밤

    드럼통에 목욕물을 데워 소대장부터 선임병 순으로 몸을 담그고, 신병은 제일 마지막에 들어갔다.

    그때 신병들끼리 선임병들에게 하고 싶은 욕을 한바탕 쏟아놓는다. 밤에 잠은 자게 해주지만 오래 이야기를 하면 혼이 난다.

    전기도, 램프도 없기 때문에 해가 지면 자는 수밖에 없다.

    신병 중에서도 같은 20대가 아니라 서른셋 정도 되는 병사도 있고, 간혹 머리가 벗겨진 병사도 있었다. 그런 신병이 나이 어린 선임병들에게 시달리는 모습은 참으로 보기 딱했다.

    같은 분대에 사토미라는 동향의 신병이 있었는데 나이가 서른셋이었다. 나이는 많아도 착실해서 따귀는 맞지 않았지만, 반합을 주렁주렁 매달고 설거지하러 가는 모습은 안쓰럽기 짝이 없었다.

    스무 살이었던 나는 워낙 건강해서 따귀를 아무리 맞아도 멀쩡했다. 질리지도 않았다. 『담장 안의 질리지도 않는 사람들(塀の中の懲りない面々)』이라는 소설처럼 '질리지도 않는 병사'였다고나 할까. 그냥 '바보'였는지도 모른다.

설거지

　나는 사토미 같은 성실한 신병들이 열심히 반합을 닦고 있을 때 수영을 하다 들켜서 주의를 받았다. 놀러 온 것처럼 생활하고 있었던 것이다. 군인 의식이 결여되어 있었는지도 모르겠다.

　사토미는 재봉사 출신으로, 꼼꼼하게 양복 같은 것을 짓던 사람이었다. 온화한 성품의 인생 선배였던 그는 늘 앞날을 비관했다.

　"우린 이제 틀렸어"라는 게 입버릇이었다.

　생각해보면 그 말이 맞았다. 배에 오르기 전 읽은 신문에도 뉴기니의 핀샤펜(Finschhafen)에 적군이 상륙했다거나 라바울이 위치한 섬도 이미 절반 이상 적군에 점령당했다는 뉴스가 실려 있었다. 하지만 내게 들러붙은 배후령(背後靈)의 예지 능력이 좋지 않았는지 어쨌는지, 당시에도 나는 희망에 차 있었고 매일 얻어맞았지만 하루하루가 즐거웠다. 아마 젊어서 그랬을 것이다.

　'젊음'이란 참 좋은 것이다. 막연히 미래에는 '좋은 일'이 생길 것 같은 기분이 드니 말이다.

라바울로 출항

　가트팡에 머무는 시간이 길어지면서 불안감이 짙어질 무렵, 갑자기 코로르로 가라는 명령이 떨어졌다. 제대로 먹지도 못한 상태로 행군을 하게 된 병사들은 풀썩풀썩 쓰러졌다.

　나도 몇 번이나 쓰러진 척을 해보려고 했지만, 다들 내가 분대에서 가장 건강하다고 여겼기 때문에 그러지도 못하고 내내 걸었다.

　돗토리에서 같은 부대에 있던 고바야시가 쓰러져 있었다. "고바야시!!" 하고 부르자 "넌 또 뭐야"라는 경멸 섞인 대꾸에 도와줄 마음이 싹 달아났다.

　코로르에 도착하자 이번에도 사토미는 "이제 정말 끝이야"라고 했다. "아직 배도 타기 전인데 그렇게 비관할 것 없잖아요"라고 하자 "저 배를 좀 봐"라는 말에 고개를 들어보니 일본에 아직 이런 배가 남아 있었나 싶을 만큼 낡은 배가 눈에 들어왔다. 이름을 묻자 러일전쟁 때 공을 세운 시나노마루라고 했다.

　선체에 바를 페인트도 아낀 듯한 그 배는 '정말 끝이로구나!' 하는 생각이 들 만큼 초라했다.

팔라우 출항

뱃전을 강하게 밀었더니 쇳조각이, 다시 말해 선체의 일부가 떨어졌다. 깜짝 놀라 선원에게 묻자 "이 배는 떠 있는 게 신기할 정도요…"라는 등골이 서늘해지는 대답.

배는 한참을 출항하지 않고 멈춰 있는 듯했다. 하지만 그건 일반적인 배를 생각했기 때문이다. 이 배는 7노트 정도로 움직였기 때문에 보통 사람은 배가 움직이는지 멈춰 있는지 분간이 어려운 것이다.

염불이라도 외듯 "이제 끝이야"라는 소리만 하고 있는 사토미에게 "폭격을 맞으면 헤엄치면 되죠"라고 하자 "미국까지 헤엄쳐 가려고?"라는 말에 말문이 막혔다.

선실은 가장 아래쪽에 있는 데다 바로 옆에 연통이 있어서 찌는 듯이 더웠다. 선임병들은 갑판에서 잤다. "신병은 내려가라"는 한마디에 우리는 '지옥 가마' 같은 곳에서 잠을 청했지만 아무리 건강한 사람이라도 40℃ 가까운 곳에서는 잠을 이루지 못했다. 틈나는 대로 갑판으로 나와 체온을 조절했다.

어뢰 발견

　바닷물이 반쯤 섞인 밥은 맛도 없고 목구멍으로 삼키기조차 힘들었다. 늘 부족하던 밥도 남았다. 반찬이라고는 말린 당근뿐인, 눈앞이 핑 돌 듯한 메뉴. 말도 아니고 열흘 넘게 당근만 먹다 보면 대부분 정신을 못 차린다.

　선원에게 묻자 먹을 만한 것은 배 아래쪽에 있고, 간단히 꺼낼 수 있는 것은 당근뿐이라는 이야기였다.

　푹푹 찌는 선실을 떠나 갑판으로 나가자니 선임병들에게 혼이 날 것 같아 고민하고 있는데 "보초를 서라"는 명령. '뭐야, 배에서 뭘 경계하라는 거지' 하고 의아한 생각이 들었는데 적의 잠수함에서 어뢰를 쏘기 때문에 그것을 감시하라는 것이었다.

　연통 옆 망대에 올라가 바다를 감시하고 있는데 해 질 무렵 하얀 물체가 파도를 일으키며 다가오는 것이 보였다. "어뢰다!!" 하고 호기롭게 외쳤지만, 누구 하나 나타나기는커녕 듣고 있는 사람조차 없었다. 하는 수 없이 어뢰를 관찰하기로 했다.

선내

선단을 향해 어뢰가 다가오고 있었다. 석양을 등지고 쏴서 적의 잠수함은 보이지 않았다(구잠정[驅潛艇] 2척이 선단을 호위하고 있었다).

대각선 방향으로 어뢰를 발사했기 때문에 어디든 반드시 맞게 되어 있다. "맞는다!! 맞는다!!" 하고 '혼잣말'을 하며 주시하는데 선단도 능숙하게 피하는 것이었다. 뜻밖의 쇼를 보는 듯한 느낌이었다.

임무 교대를 하고 40℃ 가까운 선실에 몸을 뉘였는데 사이렌이 울렸다. 적군이 나타났으니 갑판으로 나와 바다로 뛰어들라는 신호였다.

'결국 올 게 오고 말았군' 하는 생각에 밖으로 나가려는데 위쪽에서 사다리로 쓰는 그물이 내려왔다. 그물을 기어오르면 쉽게 올라갈 줄 알았는데 웬걸, 병사들이 개미처럼 그물에 달라붙어 옴짝달싹하지 못하는 것이었다. 결국 바다의 수초로 사라질 운명인가 하는 생각을 하고 있는데 "지금까지 훈련 상황이었다. 수고했다"는 말로 일단락.

아, 천만다행이었지만 수송 지휘관의 몰인정이 원망스러웠다. 다들 제대로 먹지 못해 '기운'이 없었다. 그러다 보니 사다리에 '혹'처럼 들러붙어 옴짝달싹하지 못했던 것이다.

라바울 부근

　고바야시는 돗토리연대에서부터 함께 복무했다. 그때 그는 군 매점에 아는 사람이 있다며 당시에는 구경도 할 수 없었던 단팥빵을 가져와 혼자서만 먹었다. "나도 조금만 달라"고 해도 히죽히죽 웃기만 하고 한 입도 주지 않았다.

　그래도 나는 연대 시절부터 고바야시를 아우처럼 생각했다. 면회 때마다 고바야시 일가를 마주쳤는데 그때 그의 어머니가 나를 보고 "자넨 건강해서 좋겠네. 우리 애는 몸이 약한 데다 이복 아들이라 외롭게 컸거든. 잘 좀 챙겨줘"라며 두 번이나 부탁했던 것이다.

　배에서 만났을 때도 "고바야시, 너 언제 나한테 단팥빵 줄 거냐"고 물었다. 고바야시의 얼굴을 볼 때마다 단팥빵이 떠올랐다. 나는 단팥빵은 물론이고 먹을 것이라면 사족을 못 쓸 만큼 먹성이 대단했다. 남달리 위가 튼튼한 집안에서 태어난 숙명인지도 모른다. '게걸스럽게' 보일 정도로 먹을 것을 탐했다.

뉴아일랜드 발견

　박식한 병사 중 하나가 "저건 뉴아일랜드다"라고 했다(그림의 '뉴아일랜드'는 잘못 그렸다). 긴 섬을 바라보며 감탄하는데 과연 길긴 긴 것이 같은 풍경이 몇 시간이나 이어졌다.

　한참을 신기하게 보고 있는데 "공습이다!"라는 소리가 들렸다. 공습 때는 완전군장을 하고 모여야 하기 때문에 서둘러 배 아래에서 소총을 들고 갑판으로 올라오자 "하늘을 향해 사격 준비"라는 명령. "하늘을 향해 뭘 쏘는 겁니까?"라고 물은 것이 잘못이었다. 철썩철썩, 따귀 세례. 소총으로 적기를 쏴서 떨어뜨릴 '군인 정신'이 결여되었다는 것이었다.

　그사이 항공모함(아마도 '준요[隼鷹]')과 순양함이 전속력으로 지나갔다. 그때 커다란 폭음이 들려왔다. 소총으로 비행기를 쏴서 떨어뜨린다는 것이 어쩐지 우스꽝스럽게 느껴졌다. 동시에 사격 명령도 흐지부지되면서 선내가 어수선해졌다. 다들 금방이라도 폭탄이 떨어질 것 같은 분위기에 휩싸였다. 병사 두세 명이 계단에서 발을 헛디뎌 떨어지자 그런 분위기가 더욱 짙어졌다.

공습

　지시가 꼬였는지 어쨌는지 "당장 상륙하라"는 명령이 내려졌다. 확실히 이대로 폭격을 당하면 끝장이었다.

　배에는 다이하쓰라고 불리는 상륙정 6척이 실려 있었는데, 이 상륙정을 내리는 것이 쉽지 않았다.

　러일전쟁 당시 '적함 발견!!'이라는 전보를 최초로 발신했던 시나노마루의 구식 장비로는 아무리 기다려도 상륙할 수 없을 듯했다.

　"장교실에 전령으로 다녀와라"는 지시에 장교실로 갔더니 다들 사탕 같은 걸 먹고 있었다.

　아무래도 상륙하지 말고 기다리라는 지시였던 듯하다.

　장교실은 선장실 바로 아래쪽에 있었기 때문에 폭격을 당해도 폭탄이 바로 떨어지지는 않는다. 그래서인지 고급 선원들은 모두 장교실에 모여 불안한 듯 하늘만 보고 있었다.

해군기

이러쿵저러쿵하는 사이 엄청난 폭음이 들렸다. 전령이라는 직무도 잊은 채 밖으로 나가보니 해군의 일식육상공격기(一式陸上攻擊機) 10여 대가 강력한 폭음을 내며 날고 있었다. 라바울에서 온 듯했다.

적군은 항속 거리가 긴 록히드가 20여 대. 록히드는 기관포 6문을 장착하고 있었다.

일식육상공격기는 주로 폭격 등에 이용되기 때문에 공중전에는 적합지 않다. 그럼에도 우리 선단을 지키기 위해 이륙한 것이다. 일본에서 온 선단은 번번이 적의 공격으로 침몰당했다. 우리 선단이 우연히 성공한 것이다.

나중에 듣기로는 우리 다음에 보내진 선단도 팔라우를 떠난 직후 침몰했기 때문에 우리가 라바울에 도착한 마지막 선단이었다.

록히드가 거리를 좁히며 폭격하려고 할 때마다 일식육상공격기가 저지했다.

젊어서였을까, 나는 그 상황을 재미있게 구경했다. 내가 당할 것이라는 생각은 '눈곱만큼도' 없었다.

록히드기 폭격

가까이 오지 못할 줄 알았던 록히드 경폭격기가 폭탄 2개를 떨어뜨렸다. 배에 명중하진 않았지만 물기둥이 솟구치면서 배가 크게 흔들렸다.

멈춰 있는 것보다 움직이는 편이 폭격당할 확률이 낮기 때문에 배는 전속력으로 항진했다. 하늘에서는 치열한 공중전이 벌어지고 있었다.

하지만 나는 어떤 상황인지 전혀 알 수 없었다. 멀리 라바울 부근에 검은 연기가 피어올랐다.

전령을 부르는 소리에 다시 장교실로 돌아가 대기하고 있는데 50대로 보이는 한 선원이 불안한 듯 하늘을 올려다보며 "이 배는 여기가 제일 안전하다"고 말했다. 선원은 배가 침몰할 때까지 자리를 지켜야 한다.

나중에 들은 이야기이지만, 이 선단은 라바울에서 인도네시아로 가서 설탕을 싣고 돌아갈 예정이었으나 중간에 적군에 의해 침몰되었다고 한다. 아마 그 선원도 살아남지 못했을 것이다.

우군기 추락

병사들은 흥미진진하게 공중전을 보고 있었다. 제로기(제2차 세계대전에서 활약한 일본의 함상전투기. 영식함상전투기[零式艦上戰鬪機]의 줄임말로 '제로센[零戰]'으로 불렸으며 가미카제[자살공격]에 사용됐다-역자 주)가 두세 대 있었는데 한두 대가 화악 하고 불을 뿜으며 떨어졌다.

"제로기는 성냥이라고도 불리지"라며 모르는 선임병이 말했다.

"기관포탄이 스치기만 해도 바로 타버리거든."

"적기는 어떤가요?"

"어지간해선 안 타던데."

"포탄을 맞아도요?"

"그렇더군."

"흠…" 하고 우리는 공중전을 쳐다보며 평론을 이어갔다.

일식육상공격기의 돌진이 효과가 있었는지, 아니면 갈 때가 돼서 그랬는지 적기가 철수했다. 공중전이 끝나자 다시 조용해졌다.

"상륙한다!"라는 지시에 선실로 배낭을 가지러 갔더니 찌는 듯한 더위에 자리는 병사들의 땀으로 끈적끈적했다. 찜통이 따로 없었다.

상륙

　배에서 내려 상륙정에 올랐지만 정작 상륙할 때는 물 위에서 내렸다.

　"여기가 라바울인가"라고 묻자 "여긴 코코포라는 곳이다"라는 대답.

　상륙하자마자 세 명씩 소총을 삼각뿔 모양으로 걸어 세웠다.

　이렇게 바쁜 와중에는 얻어맞지 않는다. 한가해지면 얻어맞는다. 매일 얻어맞는다는 것은 안심해도 될 때라는 것이다.

　사토미는 "여기가 우리 무덤이다"라며 비관적인 대사를 읊었다. 야자 숲이며 뭉게구름이며 모든 것이 낯선 풍경이었다.

　해변에서 나이 많은 인도 병사 하나가 멍하니 바다를 바라보고 있었다. 듣자하니 미얀마에서 사역(使役)으로 끌려왔다고 한다. 하염없이 수평선을 바라보고 있었다.

　인도 병사야말로 괜한 불똥을 맞은 셈이다. 영국의 침략으로 전쟁에 끌려나온 것도 모자라 일본군의 포로가 되어 라바울까지 왔으니 말이다.

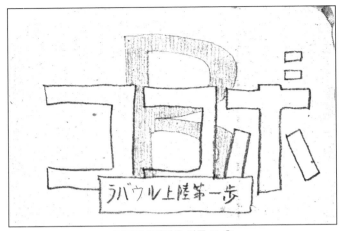

코코포 / 라바울 상륙 그 후

상륙했을 당시 코코포(Kokopo)에는 육군 기지가 있었으며, 103병참병원과 종군위안부도 있었다. 그녀들은 '피'라고 불렸는데, 야자 숲 안에 있는 작은 움막에 살며 일요일이나 국경일 등에 군인들을 상대했다. 오키나와 출신은 '나와 피', 조선인은 '조선 피'라고 불리는 듯했다.

강제 징용으로 끌려온 그녀들은 병사들과 마찬가지로 열악한 대우를 받고 있어서 보기에도 딱한 지경이었다.

당시 적군은 뉴브리튼섬(라바울이 위치한 섬)의 글로세스터(Gloucester)곶과 가스마타(Gasmata)에 상륙했으며, 일본군은 섬의 절반 정도를 차지하고 있었다. 라바울에는 10만 명의 일본군 장병이 있었다. 적기만 출현하지 않으면 히비스커스가 피어 있는 무척 아름다운 곳이었다.

그 무렵, 해군 중위였던 형이 라바울에 있다는 이야기를 듣고 어떻게든 가보고 싶었지만 라바울로 가는 차량이 없어 포기했다.

나는 여전히 최전방에 와 있다는 실감을 하지 못한 채 이상한 곳에 왔다고만 생각하고 있었다.

상륙

　대여섯 시간을 기다려 숙사를 배정받았다. 엉성하기 짝이 없는 움막으로 지붕과 벽 모두 야자나무로 만들어졌지만 너무 낡아 금방이라도 허물어질 것 같았다.

　바닥에는 30cm 정도 두께의 짚이 깔려 있었는데 그 안에 쥐가 우글거리고 있어 쥐 퇴치 작업부터 시작했다.

　겨우 잘 수 있을 정도가 되어 몸을 뉘었다. 날이 저물자 기묘한 새 울음소리가 들려왔다. "갸, 갸" 하는 이상한 소리로 한참을 울어대더니 이번에는 "폿, 폿" 하는 희한한 새소리와 함께 벌레들까지 가세해 요란하게 울어댔다. 급기야 도마뱀까지 출몰했다.

　한밤중에는 쥐가 나타나 코딱지나 눈곱 같은 것을 먹었다. 내 얼굴에도 대여섯 마리가 모여들었다. 깊이 잠든 탓에 크게 신경은 쓰이지 않았지만 나는 쥐를 무척 싫어한다.

밤

분대장은 스물네 살의 병장이었다. 뎅기열에 걸린 그는 40℃를 오르내리는 고열에 시달렸다. 신혼이었는지 아내의 이름을 하염없이 부르다 끝내 울음을 터뜨렸다. 그는 콧수염을 기르고 있었는데 콧수염을 기른 남자가 우는 모습이 참으로 기이해 보였다.

밤이 깊으면 날마다 쥐가 출몰했다. 잠결에 얼굴을 만지면 엄청나게 몰려들어 있었다.

매일이 일요일이었다. 다시 말해, 명령이 없었던 것이다.

신병은 밥통에 밥을 담아와 반합에 나누어 담고 선임병들에게 가져다주는 '배식 당번' 외에도 짐을 나르는 등의 작업을 도맡았다. 선임병들은 하루 종일 잠만 자며 신병들을 못살게 굴었다.

모자를 제대로 쓰지 않았다는 둥 걸음걸이가 칠칠치 못하다는 둥 온갖 트집을 잡았다.

개중에는(다른 분대였지만) 병사들을 세워놓고 서로 주먹다짐을 시키기도 했다.

아침

　아침 5시 기상, 억지로 체조를 한 후 아침 식사 준비를 했다. 어느 날은 고약한 선임병 하나가 신병인 척 다가와서는 신병들이 수다를 떠는 것을 보고 태도가 좋지 않다고 주의를 주었다.

　주의로만 끝나는 것이 아니라 '차렷' 자세로 세워놓고 서로의 따귀를 때리게 하는 한심한 짓까지 시켰다. 살살 때리면 다시 때리라며 죄 없는 동료 병사를 때리게 했다.

　선임병은 거리낄 것 하나 없다는 듯 당당한 모습이었다. 군대에는 다다미와 신병은 때릴수록 좋아진다는 메이지 시대부터 이어져온 금언이 뿌리 깊게 박혀 있었다.

　'이런 땅끝까지 와서 따귀 게임 같은 걸 하다니, 제 정신이냐!'고 말하고 싶었지만 잠자코 있었다.

　그런 말을 했다가는 아마 선임병들에게 둘러싸여 반죽음이 되도록 얻어맞을 것이 뻔했다.

　선임병에게 얻어맞고 "감사합니다"라고 하는 것도 우스꽝스러운 일이다.

土人部落

토인 마을

　지옥 같은 군대에서도 일요일은 쉬는 날이다.

　'토인 마을'이 있으니 함께 가보자는 말에 신병들끼리 길을 나섰다 ('토인[土人]'이라는 표현은 경시의 의미로 쓰이는 경우가 많지만 나는 글자 그대로 흙과 함께 살아가는 훌륭한 '흙의 인간'라는 의미에서 '토인'이라고 불렀다). 그들은 쾌활하고 여유로웠다.

　'코~칸'이라기에 잠시 무슨 말인가 생각했는데 '교환(交換, 일본어로 코칸이라고 발음한다)'하자는 말이었다. 담배 한 개비에 파파야 1개가 교환 기준이었다.

　여성도 있었다. 메리라고 불리는 그녀는 피부가 매끄럽고 코가 일본인보다 크고 콧구멍도 커서 숨쉬기 편해 보였다. 눈이 크고 일본인보다 시력도 좋은 데다 입술은 두꺼웠다.

　어린아이(소년)도 담배를 피웠으며, 야자 잎으로 만든 손가방을 가지고 있었다. 가방 안에는 카나카 위스키라고 불리는 빈랑수 열매와 카바라는 산호 가루 등이 들어 있었다. 어떤 토인들은 담배 파이프도 가지고 있었다.

식사 전

당시 담배를 피우지 않던 나는 담배라면 얼마든지 가지고 있었다.

담배 10개비 정도를 건네자 다양한 과일을 가져와 요리해주었다. 그 모습이 소박하고 재미있어서 영어 단어를 사용해 이야기를 나누었다.

영어는 못해도 단어는 어느 정도 알고 있었기 때문에 친구가 될 수 있었다. 마음이 통했던 것이다.

그들은 "우리는 카이카 부족이다"라고 말했다. 본래는 그곳에 처음 상륙한 외국인들이 야만이라는 의미를 담아 부른 말이었지만, 순진한 그들은 그것이 자신들을 가리키는 말이라고 생각한 것이다.

웃고 떠들며 저녁까지 얻어먹고 '흡족한 마음'으로 돌아왔더니 이미 점호가 끝난 후라 또다시 따귀를 얻어맞았다.

머리 위로 나타난 적기

전날 얻어맞아도 다음 날이면 잊어버리는 것이 나의 특기였다. 사실 워낙 건강해서 큰 타격이 없었다는 것이 맞는 말일 것이다.

오랫동안 빨래를 하지 않았다. 웬일로 우물가에 사람이 없기에 빨래를 시작했다.

하늘에서는 공중전이 벌어져 폭음이 끊이지 않았다. 열 벌 남짓한 빨래를 마친 후 널어서 말리려는데 근처에 기관포 탄환이 떨어졌다.

"펑" 하는 소리. 두세 발 정도 떨어졌지만 육지와 상관없이 하늘에서 벌어지는 전투라고만 생각했다.

주변이 이상하리만치 조용해서 둘러보았지만 아무도 없었다. '무슨 일이지'라고 생각하는데 "이런 멍청한 놈!" 하는 소리가 들렸다. 가보니 모두 방공호 안에서 떨고 있는 것이었다. "빨리 들어오지 못해"라고 했다.

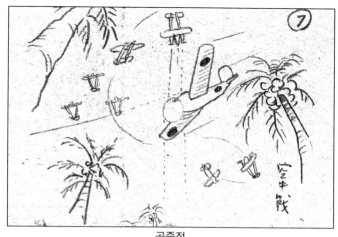

공중전

나 혼자만 밖에 나가 있었던 것이다. 하늘에서 벌어지는 전투도 위험하다. 언제 폭탄이 떨어질지 모르기 때문이다.

선임병의 이야기를 듣고 화가 야마시타 기요시(山下清)처럼 "오호라, 하늘에서 온갖 게 떨어지는구나"라고 하자 모두 웃음을 터뜨렸다.

방공호에서 올려다보니 록히드 폭격기가 출격한 것이 보였다. 거기에 맞서 싸우는 것은 두세 대 정도의 제로기. 아군의 수가 너무 적었다. 적기는 스무 대 이상이었다.

그렇게 치열한 전투가 벌어지고 있었음에도 나는 '최전방'에 와 있다는 실감이 전혀 없었다. 병사들이 많아서였는지 크게 위험하다는 생각도 하지 못했던 것 같다. 그러다 보니 한가로운 여행자까지는 아니었지만 그와 비슷한 기분이었다.

어쨌든 하루하루가 즐거웠다. 낯설고 신기한 모든 것이 '기쁨'을 주었던 것 같다.

정글의 푸릇푸릇한 나뭇잎 색깔하며 온갖 종류의 새와 벌레가 나를 '즐겁게' 만들어준 것인지도 모른다.

코코포의 밤

　남쪽 나라의 달은 선명하고 아름답다. 달그림자도 아름답고, 벌레
들은 시시각각 다양한 곡을 연주했다.

　'정말 굉장한 곳에 온 것 같아' 하는 생각에 불침번도 잊고 자주 달
밤에 산책을 하곤 했는데 그때마다 탈주로 오해받아 따귀를 얻어맞
았다. 그만큼 아름다운 달밤이었다. 일본에 계신 부모님은 어떻게 지
내실까, 일본의 상황은 어떨까 하는 생각에 빠지곤 하는 것도 밤이었
다.

　말라리아모기가 있어서 아크리나민이라는 노란색 약을 받았는데
아크리나민도 잘 듣지 않는다는 말이 있었다.

　밤바다의 파도 소리도 좋았다. 코코포 연안에는 군함이 없었다.

　가끔 토인들이 목어 같은 것으로 서로 연락을 주고받는 소리가 들
려오는 평화로운 곳이었다.

이동 명령

　열흘쯤 지났을 무렵 '전원 집합' 명령으로 모인 자리에서 소속 부대가 결정되었다.

　요컨대, 수송 선단으로 온 장병들은 과달카날(Guadalcanal) 전투로 숫자가 줄어든 부대의 보충 병력이므로 부대(연대)에서 각각의 중대로 가라는 것이었다.

　공습은 대개 일주일에 한 번 정도였기 때문에 그런 날 이외에는 한가했다.

　다만, 고약한 선임병들 탓에 여행 온 듯한 기분은 맛보지 못했다. 가끔 '무기 검사' 등을 하면 대체로 이름이 불리는 것은 나였다. 총 관리가 제대로 되어 있지 않다는 것이었다.

　목표를 조준하는 가늠쇠에 먼지가 쌓였다는 이유였다. 이런 소총은 무용지물이라며 중사가 호통을 쳤다. 나는 늘 속으로 '그런 사소한 일로 화낼 것까진 없잖아' 하고 생각했다.

회식

　이동이 결정되자 술이 배급되었다. 반합에 조금씩 부어주기 때문에 취할 리도 없는데 다들 법석을 떤다. 딱히 즐길 거리가 없던 것이다.

　술안주는 말린 채소를 끓인 것이었다. 어쨌든 본토에서 팔라우를 거쳐 뉴브리턴섬의 코코포까지 함께 온 병사들이 뿔뿔이 헤어지는 것이다.

　분대장의 뎅기열도 낫고, 사토미도 모든 것을 포기했는지 아무 말이 없었다. 될 대로 되라는 식으로 춤판이 벌어지고, 여성을 희롱하는 노래 따위를 부르며 끝이 난다.

　일본에서 남방 전선 배치가 결정된 후 사흘간 외박 휴가를 받았을 때가 떠올랐다. 사카이미나토에서 사흘을 보내고 돗토리로 돌아갈 때 부모님이 따라왔다.

　역에 도착하자 아버지는 화장실에 다녀오겠다며 가서는 나오지 않았다. 시간이 없어서 그대로 연대로 복귀했다. 그때 기차역 버드나무 아래에서 오도카니 서 있던 어머니의 모습이 떠올랐다. 다른 병사들도 무슨 이유에서인지 조용했다.

이동

오전 5시에 일어나 이동했다. 해안에서 산속으로 들어가는 것이다. 중간에 인도네시아인 포로들을 만났다.

일본군이 자바(Java)에 상륙했을 때 네덜란드군과 함께 있다 사로잡혔을 것이다. 비행장 정비 등의 사역을 하고 있었던 듯하다.

매주 폭격기 편대가 나타나 비행장을 사용하지 못하게 폭탄을 떨어뜨렸기 때문에 그 구멍을 메우지 않으면 비행기가 이착륙할 수 없었다.

사실 당시에는 일본군의 비행기가 거의 없었지만 언제든 사용할 수 있도록 구멍을 메우는 것이 그들의 임무였다.

매일 구멍을 메웠지만 전쟁이 끝날 때까지 일본군의 비행기는 한 대도 오지 않았다.

아무 잘못도 없는 인도네시아인을 끌고 와 혹사시킨 것은 아무리 생각해도 가혹한 짓이었다.

중간에 우리가 토마라는 곳으로 가고 있다는 것을 알았다.

토마

　토마는 좋은 곳이었지만 배속된 중대는 과달카날에서 옮겨온 중대로 일반 중대의 절반밖에 되지 않았다.

　경치가 좋은 곳은 폭격을 당하기 쉽기 때문에 중대는 전망이 좋지 않은 산 중턱 같은 곳에 진지를 구축했다.

　그런 곳에서 매일 구덩이를 팠다. 2년 후 즉, 종전(일본인은 '패전'이라고 말하지 않는 점이 재미있다) 후 잠시 토마에 머물렀는데 중대가 있던 곳과 달리 무척 아름다운 곳이었다.

　이마무라 히토시(今村均) 대장이 몸소 방문해 "가장 먼저 본토로 돌려보내주겠다"고 한 것도 이곳 토마였다.

　토인들은 경치가 좋은 곳에 살고 있었다. 전쟁만 없다면 너무나 평화로운 곳이었다.

진지 작업

　내가 배속된 중대는 히라타부대의 중대 중 하나로, 굉장히 힘든 중대였다. 이유는 모르겠지만 신병 숙사에만 지붕이 없었던 것이다.

　비가 올 때보다 잘 곳이 없는 게 더 큰일이었다. 어떻게든 잠을 잘 공간을 확보하기 위해 필사적이었다.

　공간이 좁아 옆에 누운 병사와 몸이 닿았다. 밤중에 볼일을 보고 오면 다시 누울 공간이 없어졌다. 비좁은 공간에서 누구 한 사람이 자유를 주장하면 다른 사람이 누울 자리가 없어진다. 이렇게 비참한 이야기가 또 있을까. 잘 곳이 없는 것이다. 할 수 없이 다음 병사가 화장실에 갈 때까지 앉아서 기다린다.

　그런 상황에서 매일같이 구덩이만 파는 것이다. 그것을 진지 구축이라고 불렀다. 온 산을 요새화해 싸운다는 것이 방면군(方面軍, 전략·전술상으로 중요한 일정한 방향이나 지역에서 독립적으로 활동하는 부대-역자 주)의 명령이었던 듯하다. 그건 그렇다 쳐도 신병에 대한 '괴롭힘'은 심각했다. 선임병들은 '단련시킨다'는 생각으로 거리낌이 없었다.

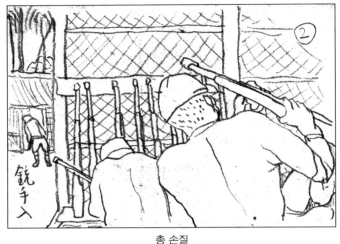
총 손질

    총에 녹이 슬면 천황 폐하가 하사한 총을 소홀히 다뤘다며 반죽음이 되도록 얻어맞기 때문에 아무리 바빠도 매일같이 시간을 내서 총을 손질해야 한다.

    밤이 되면 선임병들이 흡사 감방장처럼 상석에 앉아 과달카날에서의 무용담을 큰 소리로 떠들어댄다.

    극도의 공포정치였기 때문에 선임병과는 무려 2m나 떨어져 있어야 했다. 그러니 신병들이 누울 공간이 없는 것이다.

    선임병과 떨어진 공간을 조금만 좁히면 될 텐데 선임병이 무서워 누구 하나 공간을 좁힐 생각을 하지 못했다. 어떻게든 트집을 잡아 괴롭힐 것이 뻔했기 때문이다.

    '무용(武勇)'을 최고로 치는 중대였으므로 인간이 잠을 잘 공간 따위에는 배려가 미치지 못한 것이다. 밤은 '지옥'이었다.

아침 총검 연습

　오전 5시, 점호는 6시이므로 점호 전에 일어난 일이었다. "끼야" 하는 날카로운 소리에 눈을 떠보니 모두 일어나 짚 인형 같은 것을 세워놓고 총검 연습을 하고 있었다.

　점호 전에 하는 '틈새연습'이라는 것으로, 자발적으로 군인의 용맹스러움을 시험하는 혹은 연마하는 훈련인 듯했다. '무용'을 숭상하는 중대의 독특한 방식인 것일까. 연습에 참가하지 않으면 선임병의 심기를 건드릴까 무서워 병사들은 허겁지겁 달려들었다.

　아마도 곤도 이사미(近藤勇, 에도시대 말기의 무사-역자 주)의 시에이칸(試衛館, 죽도검술보다는 실전검술을 중요시한 검술도장-역자 주) 같은 분위기였던 듯하다. 신센구미(新選組, 1860년대 교토의 치안 유지를 위해 활동했던 무사 조직-역자 주)는 외부의 적보다 내부의 무사를 더 많이 죽였다. 그런 신센구미 같은 중대였던 것 같다. 요컨대, 선임병들은 강한 병사를 만들 생각이었던 것이다.

　나의 이런 비평적인 눈빛을 선임병들이 그냥 지나칠 리 없었다. 그들이 보기에 나는 '강한 병사'가 아니라 '평범한 인간'이었다.

작업

　그게 얼마나 무서운 것인지 그날 밤 알게 되었다.

　진지 구축은 구덩이를 파고 야자나무를 이중으로 걸치고 흙을 덮는 것이었다. 이 야자나무가 굉장히 무겁고 단단했다. 그 무거운 야자나무를 두 사람이 짊어진다. 어깨가 심하게 짓눌리지만 고통과 공포(게으름을 피우면 밤에 선임병의 처벌이 따른다) 때문에 나를 수밖에 없다.

　나는 온종일 야자 잎을 엮는 일을 했다(제일 편했기 때문이다). 실제 우리가 자는 곳에는 지붕이 없었다. 야자 잎을 엮어 지붕을 만들어야겠다고 생각했다. 바위에 앉아 가장 편한 자세로 야자 잎을 엮었다.

　그날 밤 "오늘 앉아서 야자 잎을 엮던 녀석이 누구냐!" 하는 선임병의 목소리에 신병은 움찔했다.

목욕

　"누구냐!" 공포심이 하나로 뭉쳐진 듯한 고요한 순간이 지나갔다.
"신병, 정렬!!"

　선임병의 손에는 야자나무로 만든 바둑판 모양의 '게다(下駄, 나막
신)'가 들려 있었다. 저 게다를 휘두를 작정인 걸까. 저 단단한 야자나
무 게다로 얻어맞으면 어떻게 될지 생각하기조차 끔찍했다.

　조용한 가운데 또다시 목소리가 들려왔다. "누구냐, 손을 들어라!!"

　나 하나 때문에 전원이 얻어맞을 수는 없다는 생각에 가만히 손을
드는 것과 거의 동시였을 것이다. 소리 없는 '벼락'을 맞은 것처럼 뭔
가 눈앞에서 번쩍하더니 6m쯤 날아가 쓰러졌다.

　아프거나 가려운 감각조차 없었다. 진짜 '벼락'을 맞은 것처럼 의외
로 기분이 좋았다. 머리가 어떻게 된 것인지, 별로 아프지 않은 것이
이상했다. 하지만 무서웠다.

　목욕은 물이 나오는 곳이 있어 사나흘에 한 번씩은 할 수 있었다.

토인의 집

　그런 신센구미 같은 중대에서도 일요일은 휴일이었다. 근처의 토인 마을을 찾아갔다(원래는 현지인들이 사는 마을이라고 해야겠지만 대여섯 가구 정도가 모여 사는 작은 촌락이었기 때문에 굳이 '토인 마을'이라고 썼다. 그들을 무시해서가 아니다. 오히려 존경하고 있다). 나는 담배를 피우지 않기 때문에 '담배 부자'였다.

　담배 한 개비와 파파야를 교환해 그 자리에서 먹었다(중대로 가져가면 이래저래 골치가 아프다). 장대에는 땅콩이며 옥수수며 감자 같은 것이 매달려 있었다. 땅콩을 먹어보았는데 굉장히 맛있었다.

　일요일이 되면 매일 밖으로 나와 파울이라는 토인과 친구가 되었다.

　그가 내게 바나나와 빵나무 열매를 주었기 때문에 나도 그에게 담배 한 상자를 주었다. 파울은 "우와, 빅 서비스"라며 기뻐했다.

　중대장은 만성 말라리아로 기운이 없었다. 장교 중에는 가끔 말이 통하는 사람도 있어서 "수고가 많네"라며 어깨를 두드려주기도 했다.

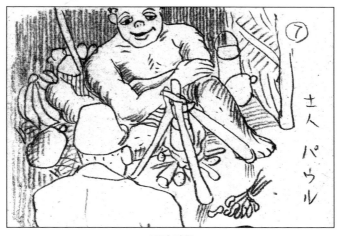
토인 파울

　일주일 후, 파울을 찾아갔더니 다리를 접질려 움직일 수 없다고 했다. 하는 수 없이 하루 종일 파울의 집에서 시간을 보냈다. 다양한 과일과 깡통에 끓인 커피까지 대접받았다.

　파울은 "내 밭에 가면 콩이며 담배며 감자 같은 게 잔뜩 있다. 다리만 괜찮았으면 밭에서 카사바를 캐서 타피오카 떡을 만들어주었을 텐데…"라고 했다.

　영어 단어와 손짓, 발짓을 섞어가며 소통했다. 둘 다 이방인에 대한 관심 때문인지 마음이 잘 맞았다. 사실 난 토인들과는 대부분 마음이 잘 맞는 편이었다.

　그건 지금도 마찬가지이다. 뉴기니뿐 아니라 아프리카든 어디든 현지인들과는 마음이 잘 맞는데 어째서인지 아랍인들과는 잘 맞지 않았다. 아랍인은 사진을 찍으면 크게 화를 냈다.

사역

병사들은 비가 오는 날에도 쉬지 못하고 일을 해야 했다. 가끔은 '사역'이라고 불리는, 자신이 맡은 일 이외의 다른 일에까지 동원되었다. 주로 무거운 것을 짊어지는 일이었다.

사역에서 돌아오면 "누구누구 일등병 이하 몇 명, 지금 막 어디어디에서 돌아왔습니다!" 하고 보고해야 했다. 화장실도 미리미리 다녀와야지 작업 중에는 화장실도 갈 수 없었다. 본토에서 훈련을 받을 때와 마찬가지이다.

전선에서는 군기를 조금 풀어줘도 될 텐데, 일본인은 도무지 이유를 알 수 없는 것들이 너무 많다. 상관들도 설명하기 곤란할 때는 다짜고짜 따귀부터 때리기 때문에 잠자코 듣는 수밖에 없다. 간혹 아무짓도 하지 않았는데 '태도가 불순하다'는 이유만으로 죽을 만큼 얻어맞은 병사도 있었다.

나는 어딜 가든 따귀로는 1, 2위를 다툴 정도로 많이 맞았다. 이른바 '따귀의 왕자'였던 것이다. 군인다운 면모가 없었던 탓인지도 모른다. 아니면 요령이 좋지 않은 탓이었을까.

작업 후

　사역을 나간 병사들은 시간이 날 때마다 야자열매를 땄다. 작업 후 마시는 야자열매의 과즙이 무척 맛있기 때문이다.

　야자열매는 빨간색과 파란색 그리고 노란색이 있는데 완전히 익은 것은 맛이 없고 30~40% 정도 익은 것이 맛있다. 사이다 같은 맛이 났다. 10% 정도 익은 것은 신맛이 강하다. 빨간색 열매가 단맛이 있고 형태가 둥근 것이 좋다.

　간혹 개미가 우글거리는 나무가 있는데 그런 나무에 잘못 오르면 온몸을 물린다. 남쪽 나라의 개미는 크고 빨간색 혹은 금색을 띠고 있는데 물리면 굉장히 아프다. 그런 개미가 20~30마리, 때로는 100여 마리 넘게 득시글거리기 때문에 열매를 딸 상황이 아니다.

　선임병들은 신병들이 나무에서 떨어지는 것을 구경만 하지 절대 나무에 오르지 않았다. 이건 "맛있다", 저건 "맛없다"고 평하며 먹기만 할 뿐이었다.

파파야 따기

　가끔 파파야도 땄다. 파파야는 설익은 파란색 열매를 끓여 먹기도 한다. 오이와 가지의 중간 정도로 맛은 없지만 배를 채울 수 있다.

　또 파란색 열매는 절여 먹으면 무척 맛있다. 소금이든 간장이든 상관없다. 잘만 절여지면 혀를 자극하는 맛있는 파파야 절임이 된다.

　본토로 돌아온 후에도 그 파파야 절임의 맛을 잊지 못해 오키나와에서 파파야 절임을 사보기도 했는데 역시 남쪽 나라에서 먹었던 맛은 아니었다. 맛뿐 아니라 뉴기니의 파파야는 굉장히 크고 과육도 두껍다.

　파파야 뿌리는 무와 비슷해 먹을 수 있었다. 끝부분은 부드럽지만 위쪽은 단단하고 맛이 없다. 섬유질이 많아서 배변 활동에는 도움이 되지만 맛이 없었다.

　잎은 쓴맛이 강해 먹지 않는다. 파파야는 아무렇게나 잘 자라 '얼른 먹어달라는 듯' 열매를 맺는다. 실로 편리한 과일이다.

교환

   나는 사역을 나가 작업을 하다가도 토인들을 만나면 담배와 과일을 교환했다.

   중대의 '호랑이 선임병'은 조금이라도 한가한 모습이 보이면 따귀를 날렸기 때문에 중대 밖으로 나가는 것이 좋았다.

   내가 좋아하는 것은 몽키바나나와 빵나무 열매였다. 이곳에 와서 안 것인데 바나나는 종류가 다양했다. 토인에게 물어보니 서른 종도 넘는다고 했다. 납작한 타원형의 바나나가 있는데 그들은 그것을 최고로 쳤다. 이 바나나는 덜 익은 것이었다.

   그들은 푸른색 바나나를 구워서 먹었다. 단맛이 적고 빵과 감자의 중간 정도의 식감으로 무척 맛있었다. 그것을 야자열매의 코프라 액에 섞어 먹었다. 나도 한번 먹어보았는데 소금기가 없어 도저히 맛있다는 생각은 들지 않았다.

바르진산 진지 구축

　바르진산이라고 하는, 라바울에서는 가장 높은 산이 있었다. 우리 중대는 이 산에 진지를 구축하는 임무를 맡아 하루는 산 정상까지 올라갔다.

　전쟁 중에 고지를 차지하기 위해 서로 다투는 이유를 알 수 있었다. 위에서는 모든 게 훤히 보였다. 아래쪽에서 작업하는 모습부터 말소리까지 들리는 것을 알고 깜짝 놀랐다.

　경치가 좋아 구덩이를 파고 싶은 생각이 들지 않았지만 한밤중에 또 그 바둑판 모양의 게다로 얻어맞을 것이 두려워 바로 구덩이로 들어가 작업하는 척했다. 신병은 경치 감상 같은 호사를 누릴 처지가 못 된다. 허리를 숙인 채 죽어라고 일만 해야 했다.

　놀랍게도 산 위에까지 산호초 같은 부드러운 돌이 있었다. 산호초로 만들어진 섬인지도 모르겠다.

빵나무 열매

어느덧 고대하던 빵나무 열매가 무르익었다. 땅만 보며 일하느라 깨닫지 못했지만 중대의 머리 위에는 커다란 빵나무들이 우거져 있었다. 저녁이 되면 신병들은 빵나무 열매를 땄다. 나는 나무 위에서 열매를 10개나 떨어뜨려 구워 먹었다.

울룩불룩한 과육 안에 밤처럼 생긴 것이 열 개쯤 들어 있는데 그것을 구워 먹으면 더욱 맛있다.

류코쿠대학을 나왔다는 병사(나이는 서른 살 정도였지만 신병이었다)의 고상한 철학을 들으며 나는 오로지 빵나무 열매를 먹는 데만 집중했다. 서너 개째 입에 넣고 있을 때 '철학자'가 손을 내밀었지만 먹는 데 집중하느라 미처 알아채지 못했다.

다섯 개째 입에 넣으려는 순간 철학자의 분노가 폭발했다. "너 혼자 다 먹을 셈이냐!!"라는 소리에 정신을 차리고 보니 커다란 빵나무 열매 열 개를 혼자 다 먹으려던 참이었다. 할 수 없이 여섯 개째를 '철학자'에게 건넸다.

내 위장은 '짐승'이나 다름없었다.

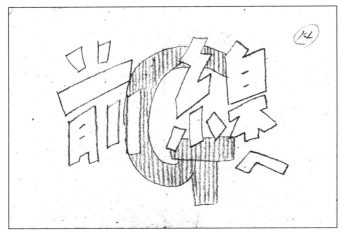
전선으로

　군대라는 건 지정된 장소에서 계속 머무는 것이라고만 생각했다. 저녁 점호 때 "이름이 불린 사람은 한 걸음 앞으로 나와라"는 말에 이름이 불려 앞으로 나가자 "전선으로 이동한다"는 것이었다.

　'기관총수'를 맡으라는 상사의 지시에 "저는 소총밖에 쏘지 못합니다"라고 하자 "그랬나, 미안하지만 이번엔 기관총수로 가주게"라고 해서 찍소리도 하지 못했다.

　무슨 이유에서인지 '전선으로 가는 사람'에게는 담배 열다섯 갑과 다양한 물건이 배급되었다. 라바울에 아직 이런 게 남아 있었나 싶은 과자까지….

　'전선'으로 가는 것은 모두 새로 편입된 병사들이었다. 돗토리에서 온 병사들도 대부분 포함된 듯했다.

이동 명령이 있던 밤

전선으로 가게 된 스무 명 남짓한 병사들은 이런저런 이야기를 나누었다.

중사도 한 명 있었는데 그는 "우리는 적이 상륙한 지점에 재상륙하는 결사대다"라고 했다.

"중사님, 왜 하필 적이 상륙한 곳에 상륙하는 겁니까?"라고 묻자 "가스마타에서도 재상륙했다고 한다"는 대답.

또 어떤 하사는 "우리는 구축함으로 부건빌로 간다. 부건빌섬 절반이 적에게 점령당해 지원하러 가는 것이다"라고도 했다.

하나같이 상황이 좋지 않은 곳뿐이었다. 담배를 피우지 않던 나도 그날은 15개비 정도의 담배를 연달아 피웠다. 밤에 침상에 눕자 머리가 핑핑 돌았다.

다음 날, 군사우편이 도착했다. 이런 곳까지 편지가 온 것을 신기하게 생각하고 있는데 어머니에게서 온 편지였다. '너희들이 전사하면 우리도 따라 죽을 생각이다'라고 쓰여 있었다.

코코포로

　이튿날 중대를 출발해 집결지인 코코포로 향했다.

　배낭 안에는 친구 파울이 준 빵나무 열매에 몽키바나나를 끼운 것
이 들어 있었다. 잠시 쉬는 틈에 꺼내 먹었다. 굉장히 맛있었다. 파울
의 다리가 낫지 않아 결국 그의 가든(밭)에는 가보지 못했다.

　뉴브리튼섬의 글로세스터, 탤러시(Talasea), 가스마타에 적이 상륙
했기 때문에 구축함으로 적이 상륙한 부건빌에 재상륙하는(아마도 전
멸하는) 요원일 것이라는 의견이 다수였다.

　일설일지라도 앞으로의 운명을 좌우하는 중요한 일이었기 때문에
다들 지대한 관심을 가지고 있었다.

　한 지점에서 다른 부대원들과 합류하기로 되어 있어 삼거리에서
그들을 기다리며 점심을 먹었다.

　하늘은 매일 쾌청했다.

타 부대 합류

　다른 부대원들이 누구일지 궁금했는데 웬걸 돗토리연대의 병사들이었다. 사토미와 고바야시도 있었다.

　친하게 지내던 병장이 있어서 "대체 우린 어디로 가는 겁니까?" 하고 묻자 "가젤곶 끝에 파파야가 가득한 천국 같은 곳이라던데"라며 쾌활하게 대답했다.

　"그럼 파파야를 배가 터지게 먹을 수 있는 겁니까?" 했더니 "당연하지"라며 어깨를 두드려주었다.

　선임병들도 이렇게 쾌활한 사람만 있으면 좋을 텐데 그게 아니라 문제였다.

　꽤 많은 수의 병사가 합류해 코코포로 향했다. 병장의 이야기를 들은 후 배낭이 가벼워진 듯한 기분이 들어 발걸음까지 가벼워졌다. 기분이라는 게 이렇게 중요한 것이구나 싶었다.

코코포 도착

　그로부터 1년간은 한밤중에도 폭격기가 출몰해 조명탄 같은 것을 떨어뜨렸다. 그 바람에 병사들은 잠을 자지 못해 굉장히 힘들었다. 게다가 야간에 퍼부은 폭격이 용케 부대에 명중을 하기도 해서 마음 편할 날이 없었다. 하지만 이때만 해도 공습이 일주일에 두어 차례였기 때문에 그나마 여유가 있었다.

　코코포도 어쩐지 한가로운 느낌이었다. 발전기가 설치된 집이 있을 만큼 문화적이었지만 우리가 묵은 곳은 처음 상륙했을 때 쥐 때문에 골치를 앓던 곳과 크게 다르지 않았다. 바닥에는 짚 대신 거적이 깔려 있었다.

　나는 '천국설'을 주장한 병장을 찾아갔다. 병장은 "어, 왔나?" 하며 반갑게 맞아주었다. "병장님, 천국 같은 곳이라는 게 진짜입니까?"라고 묻자 "진짜라니까, 자네도 좋아할걸"이라며 굉장히 기분 좋은 표정을 지어 보였다.

"지명이 어떻게 됩니까?" 머리가 어떻게 된 건가 싶어 물었더니 "그렇지, 즌겐이라고 하는 곳이라고 들었는데"라고 대답했다.

절반만 믿어도 과연 천국 같은 곳이라는 생각이 들었다. 과연 어떤 곳일지 상상하는 것만으로도 잠을 이루지 못할 정도였다. 내가 좋아하는 파파야 열매를 따 먹는 사람이 없어 바닥에 떨어져 썩을 정도라니 얼마나 멋진 곳일지 기대에 부풀었다.

다음 날, 이바라키(茨城) 지방의 사투리를 쓰는 상사가 와서 소속될 분대를 알려주었다. 내가 배정된 요시다분대를 찾아가자 이바라키 사투리로 "바보 같은 놈"이라며 놀림을 당했다. 아무래도 '이바라키 국(國)'에 잘못 들어온 모양이었다.

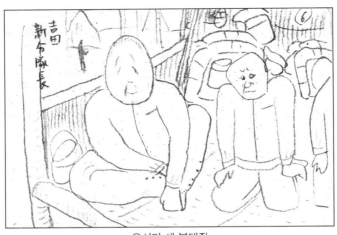

요시다 새 분대장

간신히 만난 새 분대장은 농사꾼 출신이라는 유순한 인상의 아저 씨였다. 다른 선임병들은 하나같이 성깔이 있어 보였다.

어찌 된 일인지 새롭게 편성된 중대에는 간사이 지방 출신도 간혹 있긴 했지만 대부분 이바라키 출신이라 사투리를 알아듣기 힘들었 다. 신입 분대원은 기후나 교토(京都) 출신이었지만 선임병들은 모두 이바라키 출신이었다.

분대장 옆에서 자게 되는 바람에 할 수 없이 비위도 맞출 겸 "분대 장님, 빨래할 것 있습니까?" 하고 물었다.

"음" 하고 무슨 말을 하려나 싶었는데 곰같이 느린 동작으로 훈도 시 두 장을 내밀었다. 자리를 뜨려는데 "아직 더 있어"라며 담배를 뻐 끔댔다.

신병 군상

　결국 나는 한 다스 정도의 훈도시를 빨아야 했다. 이렇게 훈도시를
많이 가지고 있는 분대장은 처음 보았다. 유순한 성격에 담배를 엄청
나게 피워댔다.

　같은 소대(4개의 분대가 모여 소대를 이룬다)에 돗토리에서 함께 복무한
고바야시가 있었고, 바로 옆 기관총 소대에는 사토미가 있었다.

　이바라키 출신들은 앞선 병단(兵團) 소속이었는데 사단이 뉴기니에
서 적에게 당한 후 수송선을 기다렸지만 오지 않아 1개 중대 정도가
뉴브리튼섬의 카바카울(Kabakaul)이라는 곳에 남아 '시간을 때웠다'는
것이었다. 본부의 사단이 뉴기니로 가면서 명령을 내릴 사람이 없어
진 듯했다. 너무 오래 배를 기다린 탓에 그렇게 되어버렸을 것이다.

배식 당번

이바라키 출신들은 사투리가 심해 어쩐지 이방인처럼 느껴졌다.

다른 신병들도 선임병들이 모두 이바라키 출신이라 이바라키 사투리를 들으면 저도 모르게 가슴이 벌렁거린다고 했다.

취사병도 이바라키 출신의 선임병이었는데 밥통에 밥이 한 톨이라도 붙어 있으면 밥통을 뒤집어씌우고 욕을 퍼부어댔다. 신병은 무슨 짓을 당하든 잠자코 있는 수밖에 없었다.

간혹 실수를 해도 때리지 않는 친절한 이바라키 출신도 있었다.

전선 출하

육군의 해상 교통은 모두 다이하쓰라고 불리는, 배의 갑판에 화물을 싣고 내리기 편리하게 만든 작은 배를 이용했다. 이 배는 쌍동선과 같이 앞쪽이 둘로 나뉘어 있어 대포든 뭐든 실어 나를 수 있었다.

나는 이 배를 '다이하쓰메이(大發明, 대단한 발명이라는 뜻)'라고 생각했다. 이렇게 편리하고 군더더기가 없는 물건이 또 있을까. 해상 트럭이라고도 불리는 이 배는 나무와 쇠로 만들었다(쇠로만 만들어진 것도 있다). 다이하쓰가 도착하면 신병들이 가서 기관총이며 소총의 탄약을 날랐다. 탄약 상자는 튼튼하게 만들어져 있어 무척 무겁다. 그런 것들을 전부 신병이 나르고, 선임병들은 막사에서 수다를 떨었다.

모든 명령은 선임병으로부터 나왔다. 분대장은 아침부터 저녁까지 담배나 뻐끔대며 꿈쩍도 하지 않았다. 내가 한 다스나 되는 훈도시를 빨아서 가져가자 "그래" 하고 한마디 했을 뿐이었다. 신병은 '인간'도 아니었다.

나도 한 번쯤 '상등병'의 입장에서 노예처럼 일하는 신병을 바라보는 기분을 느껴보고 싶었다(결국 후임병이 오지 않아 꿈으로 끝났지만…).

유서

잠자리에 들려는데 "유서를 써라"라는 상사의 지시. 뭐든 쓰면 되겠지 싶었는데 '유서'라는 게 생각보다 간단치 않았다.

결국 한 시간 가까이 고민하다 달빛 아래에서 '어디어디를 산책해 보아라. 내가 죽으면 그쯤에 있을지 모르니' 같은, 나조차도 이해할 수 없는 내용의 글을 썼던 것을 기억한다.

유서를 쓰라니, 이쯤 되면 전원 죽음을 각오한, 그야말로 '재상륙의 결사대'라는 생각이 들어 병장이 말한 '천국설'은 또다시 위태로워졌다.

코코포에는 밤만 되면 섬뜩한 소리로 울어대는 새가 있어 유서의 분위기를 한층 더 고조시켰다.

게다가 '인식표'라고 하는, 군번이 새겨진 쇠붙이까지 받았다. 이건 쇠붙이라 '육신'이 썩어도 썩지 않는다고 했다. 죽어서 땅에 묻히더라도 신원을 아는 편이 좋을 듯해 일단 목에 걸기로 했다.

훈시

다음 날, 피(종군위안부) 움막에 가도 좋다는 지시가 있었다. 서둘러 가보았는데 이미 장사진을 이루고 있어 무슨 일인가 싶어 살펴보니 길게 늘어선 줄이 작은 움막으로 이어져 있었다. 그런 움막이 여섯 채 정도 있었는데 어디든 50명 남짓한 병사들이 줄지어 서 있었다.

줄을 선 병사들도 필사적이었지만 자칫하면 여자들이 죽을 수도 있다는 생각이 들었다. 50명이나 되는 긴 줄을 얼마나 기다려야 할지 알 수 없었다. 두세 시간 기다렸지만 줄어들 기미가 보이지 않았다. 신병 두세 명이 함께 갔는데 결국 포기하고 가까운 토인 마을로 갔다.

그 이튿날, 전선에 대한 훈시가 있었다. 승선 순서 따위였는데 정작 중요한 목적지는 듣지 못했다.

옆에 눈에 핏발을 세우고 있는 대위가 있었는데 그가 27세의 대대장이었다. 정식으로는 '즌겐 지대장'이었는데 지나치게 의욕이 넘쳤다. 세상에는 참 다양한 생각을 가진 사람이 있다는 생각이 들었다. 이른바 사기충천인(人)이었다. '이바라키인'과 '사기충천인'에 둘러싸여 앞으로 어떻게 될는지…. 가슴이 두방망이질을 쳤다.

군장 검사

다음 날은 '군장 검사'가 있었다.

중대장처럼 보이는 사람이 연대장을 안내하는 모습이 보였다. 연대장은 만주(饅頭, 밀가루 등의 반죽에 소를 넣고 찌거나 구워서 만든 일본 전통 과자-역자 주)를 입에 달고 산다고 하여 '히라타 만주'라고 불린다고 했다.

군장 검사 후 높은 곳에 올라선 대대장은 칼을 뽑아들고 "이제부터 결사의 결의로 출발한다!"고 훈시했다. 당장 출발하는 줄 알았는데 출발은 그다음 날이었다.

그럴 거면 굳이 칼을 뽑지 않아도 되었을 것이다. 보고 있는 쪽은 당장 무슨 일이 벌어지는 게 아닌지 당황하지 않겠는가.

출발

　가네코라는 이바라키 출신 선임병이 있었는데 성마른 성격으로 신병들을 힘들게 했다. 가장 먼저 당한 게 바로 나였다. 다짜고짜 따귀를 갈긴 후에야 때린 이유를 툭하고 내뱉었다. 그제야 내가 왜 맞았는지를 알게 되는 식이다. 그런 그가 나와 나이도 같은 데다 나보다 고작 반년 먼저 입대한 선임병이었다.

　이른 아침부터 준비를 마치고 출발을 기다렸는데 저녁 무렵에야 이동을 시작했다.

　얼마나 많은 병사가 있었는지는 모르겠지만 다이하쓰 서너 척이 준비되어 있었다. 온갖 물건과 함께 40명의 병사 즉, 1개 소대가 탔다. 소대장은 연대본부에서 특파된 중위였다.

　소대장은 사기가 충천해서 배로 향하는 도중에도 걸음걸이가 칠칠치 못하다며 주의를 주었다. 위험하게 칼까지 뽑아들고 병사들에게 주의를 주는 것이었다.

승선

　다이하쓰는 배 앞쪽(船首)의 램프(진출입 통로)를 내리고 들어올려 화물과 병력을 싣고 내리기 쉽게 만든 상륙 주정(舟艇)인데, 오늘은 대포를 실었기 때문에 병사 승선 후 선수를 열어둔 채 출항했다.

　"전원, 소총 장전!"이라는 명령에 병사들은 허둥지둥 탄약을 장전했다. "뱃전 바깥으로 사격 준비!"라는 지시에 사격 태세를 갖추고 있는데 달이 떠올랐다. 밤에 출항하는 것이었다.

　"적전 상륙에 대비해 모두 철모를 써라!"는 말에 또 한 번 놀랐다.

　덜컹덜컹 소리를 내며 다이하쓰가 출항하자 두려움이 엄습했다. '대체 무슨 일이 벌어지는 것일까' 누구 하나 입을 열지 않았다.

　중간에 부투부투(Butubutu)라는 곳에 들렀다.

　'뭐야, 목적지는 아직 멀었군' 하는 생각이 들었다.

　다이하쓰는 밤에만 이동했기 때문에 부투부투에서도 밤에 출발했다. 마침내 적전 상륙이다.

출항

부투부투에는 강이 있었는데 양쪽 강기슭에 커다란 나무가 우뚝 솟아 있었다. 달밤의 적전 상륙을 각오하며 바짝 긴장했다. 다이하쓰가 서너 척 정도 있었던 것 같다.

본부에서 온 중위가 "착검!!"을 명령했다. 총구에 대검을 꽂으라는 것이었다. 이제 정말 큰일이 벌어지겠구나 싶어 모두 긴장했다.

다이하쓰가 고요한 바다를 헤쳐나가는 중에도 병사들은 불안에 떨었다. 하지만 병장이 이야기한 천국설을 반쯤 믿고 있던 나는 기묘한 기분이었다.

잠시 후 거목이 있는 곳에 도착했다. 불빛 하나 없었기 때문에 이 커다란 나무가 표식인 듯했다.

소대장인 중위의 "돌격 개시!"라는 명령에 다급히 상륙했지만 주위는 칠흑 같은 어둠과 정적만이 가득할 뿐이었다. 중위는 "점령 완료"라고 말했다. 병사들은 어리둥절했다.

그 중위는 얼마 후 연대 본부로 돌아간 듯했다. 병사들의 사기를 높이기 위해 왔던 것인지도 모른다.

이때부터 즌겐(Zungen)에서의 생활이 시작된다.

상륙한 날 밤은 야영을 했다. 믿을 수 없을 만큼 조용한 곳이었다.

다음 날, 병장의 천국설을 믿고 주변을 둘러보았지만 파파야 나무는 한 그루도 없었다. 가도 가도 이름 모를 나무만 우거져 있을 뿐 길조차 없었다.

이곳은 오스트레일리아 전쟁사의 첫 번째 페이지를 장식하는 장소였던 듯하다. 2, 3년 전 일본 해군이 상륙하면서 오스트레일리아군 약 1개 대대(500명 남짓?)가 라바울에서 즌겐으로 퇴각했다. 병사들 절반은 배를 타고 떠나고, 나머지 절반은 즌겐에 남아 배를 기다렸다고 한다. 그러나 일본군에 발각되면서 전원이 이곳에서 목숨을 잃었다고 한다.

우연히 산 위에서 100여 구가 넘는 유골을 발견했다. 그러나 그때 우리는 아무것도 알지 못했다. 매일 신기한 것을 보다 보니 불안한 와중에도 재미가 있었다. 역시 '젊음' 탓이었을 것이다.

『라바울 전기』제2부
전선에서의 생활

상륙 첫날

마쓰오라는 신병과 함께 송장 냄새가 진동하는 산 위에 가보았다. 거기에는 수많은 시체가 있었는데 살은 썩어 없어졌지만 옷 따위는 그대로였다. 다시 말해, 사용할 수 있는 상태였다. 특히 군화는 일본군의 군화보다 좋은 것이었다.

구멍 난 군화를 신고 있던 나는 서둘러 시체가 신고 있던 군화로 바꿔 신었다. 마쓰오도 "나도 바꿔야겠다"며 바꿔 신었다. 오스트레일리아 돈이 잔뜩 떨어져 있어서 주머니에 넣고 돌아왔다.

둘 다 대담한 구석이 있었다. 선임병들이 빤히 보는 앞에서 다른 나라 군대의 군화를 신고 있었던 것이다. "이런 멍청한 놈!"이라며 혼이 났다. 죽은 사람의 물건을 가져오면 안 된다는 것이었다. "다시 갖다 놓고 와"라는 명령에 그날 밤 마쓰오와 둘이서 구두와 돈을 도로 가져다 놓았다. 두개골은 크고 젊어 보였다. 불쌍하다는 생각도 들었다. 하지만 불쌍하다는 생각은 크지 않았다. 우리도 머잖아 같은 신세가 될 것이기 때문이다. 적을 '적님(敵樣)'이라고 부르기도 했는데 결국에는 같은 해골 신세가 될 것이라는 의미에서 적도 '벗'이었다.

도착

  상륙한 지 한 사흘 정도는 쾌청했는데 우기(雨期)가 시작되었는지 비가 그치지 않았다.

  배식 준비를 할 때도 천막 따위를 뒤집어쓰고 갔다.

  길조차 없는 곳이라 주변 경관도 제대로 보이지 않았다. 처음에는 나무 네 그루에 천막을 고정한 엉성한 숙소에서 지냈는데 좀처럼 비가 그치지 않았다. 그치기는커녕 점점 더 거세졌다.

  주변을 탐험해보고 싶었지만 그럴 만한 상황이 아니었다. 결국 '이바라키 출신' 중사가 천막을 펼쳐 '집'을 만들자고 했다. 기나이 중사라고 하는 소대의 최선임이자 사실상의 '소대장' 같은 존재였기 때문에 모두 그의 말은 잘 들었다.

작업

　천막이 어디에서 났는지, 각자의 천막을 연결해 만든 것인지는 모르겠지만 이바라키 출신들은 천막을 펼쳐 집을 만들었다.

　일주일 넘게 비가 왔지만 비가 한 방울도 새지 않았을 뿐 아니라 밑에서도 물이 들어오지 않았다. 이바라키 출신들의 '천막 치기' 기술에는 감탄했다.

　개중에는 나무로 집을 짓는 소대도 있었지만 비가 그치지 않아 중단한 듯했다.

　대체 이렇게 몇 날 며칠 비만 쏟아지는 곳에서 뭘 어찌해야 할지 막막했던 신병들은 기운이 없었다.

　천막 안에서는 선임병 이외에는 마음 편히 자지 못했다. 신병들의 자유 시간은 '배식 당번' 때뿐이었다. 하나같이 말수가 없고 잔뜩 긴장했다.

　지금 생각하면 그때가 '우기'였던 듯하다.

연일 내리는 비

비는 한 달 넘게 계속된 것 같다.

선임병들은 하품을 하는 등 인간답게 지냈지만 신병은 고개를 푹 숙인 채 소총 손질 따위를 하는 척했다. 한가하게 다리를 뻗고 있으면 "동작이 크다!!"며 불호령이 떨어진다. 선임병은 웃고 떠들고 장기를 두기도 했다.

돗토리연대 시절부터 함께 복무하다 다시 같은 소대가 된 아카사키(赤崎) 출신의 마야마가 뎅기열에 걸렸다. 열이 내리지 않아 얼굴이 벌겠다. 이런 곳에서 병에 걸리면 큰일이다.

하필 '배식 당번'이었기 때문에 누가 대신 가야 했는데 아무도 선뜻 나서지 않았다. 마야마가 자기가 가겠다고 해서 하는 수 없이 내가 가기로 했다. 빗속에서 '배식 당번'을 하는 것은 여간 힘든 일이 아니다. 비에 흠딱 젖는 데다 젖은 옷을 널어 말릴 곳도 없었다.

진지 작업

비가 잦아들자 선임병들이 정신없이 움직이기 시작했다. 진지 구축 작업이다. 그들은 익숙한 솜씨로 굉장히 빠르고 능숙하게 해냈다. 나는 요령이 없어 번번이 혼이 났다.

근처에 울우트(Wulwut)강이라고 불리는 강이 있었는데 물이 매우 깨끗했다. 그 끝에 있는 메벨로(Mevelo)강은 물이 탁하고 악어가 있다고 했다.

메벨로강은 넓고 깊어 늘 보트가 준비되어 있었으며, 가게야마라고 하는 전에 같은 연대에 있던 신병이 배를 저었다. 가게야마는 머리가 다 빠진 대머리였다. 나이도 서른다섯 정도의 노병이었다.

신병은 일과를 마친 후에도 온갖 잡일을 도맡았기 때문에 쉴 틈이 없었다.

배식 당번

　가장 주된 일이 '배식 당번'이었는데 밥통에 받아온 밥을 반합에 나
눠 담고 멀리까지 나르는 것이다.

　반찬은 대부분 간장국이었는데 건더기는 들어 있지 않았다. 가끔
파파야 절임이 나오는 정도였기 때문에 늘 배가 고팠다. 작업 중에도
대여섯 명이 함께 푸른색 파파야를 칼로 벗겨 먹었다.

　배식 당번을 하다 커다란 밥주걱으로 세 차례 얻어맞았다. 밥통을
깨끗이 씻지 않았다는 이유에서였다.

　마야마가 옆에서 "너도 확 받아버려"라고 했지만 선임병에게 대들
었다가는 선임병이 전부 달려들어 반죽음을 당할 것이 뻔했다.

　할 수 없이 참았지만 이마에 커다란 혹이 세 개나 생겼다. 세 배 더
화가 났지만 참기로 했다.

　하루는 된장국을 푸는 '국자'로 얻어맞기도 했는데 무슨 이유에서
인지 밥주걱보다 국자로 맞는 게 더 화가 치밀었다(는 것을 알게 되었
다).

진지 작업

진지를 평지에 만드는 줄 알았는데 산에 구축하라는 명령이었다.

매일 산에 올라 구덩이를 팠다. 요령을 부릴 처지도 아니었다. 내가 요주의 인물이었는지 잠깐 앉기만 해도 선임병들에게 혼쭐이 났다.

이때다 싶었는지 평소에도 나를 때리고 싶어 안달이 나 있던 상등병이 내게 "안경 벗어"라고 했다. 그러고는 특별히 잘못한 것도 없는데 날아오는 따귀 열 대!!

내게 인내라는 것을 가르쳐준 것은 바로 이런 선임병들이었다. 아무리 불합리한 일을 당해도 입 다물고 있을 수밖에 없는 것이다.

매일 이런 식으로 적군보다 선임병들에게 더 많이 당했다. 신병들끼리는 오히려 적을 맞닥뜨리는 편이 속이 시원하겠다고 말할 정도였다. 신병들은 하나같이 '노이로제'에 시달렸다.

점심 식사

　일본 본토에서 라바울에 상륙한 마지막 군대였기 때문에 우리는 '영원한 졸병'이었다. 몇 년이 지나든 계급이 가장 낮기 때문에 늘 신병이었던 것이다.

　군대라는 곳은 어찌 된 일인지 밥만은 평등하게 주었다. 남달리 위장이 튼튼한 나는 그것으로 만족했다. 매일 점심 식사를 기다리는 게 낙이었으며 누구보다 빨리 먹었다.

　평지와 달리 산은 경치도 좋고 새 따위도 있었다(일본에 없는 새뿐이었다).

　막사를 지은 후에도 중노동은 계속되었다.

　군대에서도 일요일은 쉬는 날인데 무슨 이유에서인지 선임병들은 쉬지 않았다. 아무래도 기나이라고 하는 호랑이 중사 때문인 듯했다. 일요일에 식량을 구해오라거나 막사 수리 따위를 시키는 것이다. 다른 소대는 일요일에 쉬었다.

밤

　고바야시는 호랑이 중사가 있는 분대 소속이었다. 고바야시는 선
임병들에게 둘러싸여 얼마나 시달렸는지 밤이 되면 밖으로 나와 담
배를 피우는 버릇이 있었다. 밤하늘의 달빛이 무척 아름답고 별들도
또렷이 보였다.

　어느 날 밤, 소란스러운 소리에 내다보니 고바야시가 선임병들에
게 얻어맞고 있었다. 밖에서 담배를 피우다 적에게 발각되면 어쩔 셈
이냐며 얻어맞는 듯했다.

　그 후로 고바야시는 낯빛이 점점 창백해지더니 살도 빠지고 몸까
지 벌벌 떨기 시작했다. 원래부터 체격도 왜소하고 다부진 편이 아니
었기에 이런 산속에서 작업하는 것이 무리였던 것이다.

　남들처럼 나무를 지지 못한다거나 점호 때 무릎을 덜덜 떤다는 이
유 따위로 괴롭힘을 당하는 듯했다. 군대에서 몸이 약해지는 것만큼
안타까운 일이 또 있을까.

채소 채집

호랑이 중사의 명령으로 우리 소대는 쉴 틈이 없었다.

일요일에는 식량을 구하러 다녔다. 이런 정글에서 식량이라고 해봐야 파파야 정도였다. 간혹 야자나무의 어린 순을 발견할 때가 있는데 이게 무척 맛있다. 양도 꽤 많고 생으로 먹어도 맛있다. 말하자면, 야자나무의 어린 싹을 먹는 것이다. 어린 싹이라고는 해도 워낙 크기 때문에 열 명 정도가 달려들어야 한다. 끓여 먹어도 무척 맛있다. 그렇다고 신병 처지에 배불리 먹을 수 있는 것은 아니었다.

빵나무 열매도 맛있지만 거의 없었다.

바다에 수류탄을 던지면 기절한 물고기가 떠오르는데 그것을 잡아 먹었다. 물고기를 잡았다는 이야기는 자주 들었지만 내 입에 들어온 적은 단 한 번도 없었다. 높으신 분들 입으로 들어갔을 것이다.

목재 운반

군대에서는 누구나 똑같이 무거운 목재를 나른다. 체력이 달리는 병사도 같은 무게의 목재를 나르기 때문에 힘이 달리면 목재와 함께 바닥을 구른다. 무거운 나무에 깔리면 팔이 부러지기도 한다.

오가와라는 비쩍 마른 병사가 있었는데 목재를 나르다 굴러 팔이 부러졌다. "이건 네게 무리야"라고 했더니 호랑이 중사가 달려와 내 뺨을 철썩, 철썩. "팔이 부러진 건 오가와입니다"라고 하자 "네 녀석이 쓸데없는 말을 해서 오가와의 팔이 부러진 것이야"라는 이해할 수 없는 질타를 들었다.

배식 당번을 맡은 신병들과 "이런 데서 팔이라도 부러지면 끝장이야. 쓸데없이 열심히 하다간 말라리아에 걸린다고. 뭐든 적당히 하는 게 중요하다니까"라며 최대한 게으름을 피우는 게 살아남는 거라는 이야기를 하는데 웃음소리가 들렸다. 누군가 하고 보니 소대장이었다. 호랑이 중사가 아니라 천만다행이었다.

집짓기

　호랑이 중사는 집을 짓는 일에 흥미가 있었는지 비가 새지도 않는 숙소를 헐고 새로 세우는 일을 벌였다. 그 바람에 소중한 휴일을 막사 짓는 데 써버렸다. 모두 하루 종일 쉬지도 못하고 일했다.

　목수 출신 상등병이 한 명 있었는데 굉장히 귀한 대우를 받았다(후에 악어한테 잡아먹혔는데 호랑이 중사가 시체를 찾는 데 열흘이나 허비한 탓에 소대장과 다툼을 벌였다).

　호랑이 중사가 모질기만 한 사람은 아니었던 것이 군화가 없는 병사에게 자기 군화를 벗어주고 본인은 양말만 신고 있었다.

　고바야시는 창백한 얼굴에 기운이 없었다. 무슨 일만 있으면 내게 와서 도와달라고 했지만 나 역시 할 수 있는 일이 아무것도 없었다.

　중대장은 같은 수송선으로 온, 목재상을 운영했다는 노(老)중위였다. 머리는 반쯤 백발이었다.

사역

매일 밤이 되면 호랑이 중사가 '내일의 사역'이 뭔지를 발표했다.

내 이름이 불려서 무슨 일인가 하고 가보니 취사 사역이었다.

상등병(취사반장)을 따라가 토인 마을에서 담배와 오이를 교환해 봉투에 열 개 정도 채소를 담아 돌아왔다.

상등병은 메이지대학을 나온 이바라키 출신이었는데 재미있고 성품이 너그러웠다. 이바라키 출신 중에도 좋은 사람이 섞여 있었던 것이다. 중간에 잠시 쉬라며 담배까지 주었다(이걸 너그럽다는 말 이외에 뭐라고 하겠는가)

가끔 배가 쌀을 싣고 온다. 대개 한밤중이다. 그럴 때는 잠에 취해 쌀을 나르기 때문에 어쩐지 꿈속에서까지 사역을 하는 듯하다. 가마니에 든 쌀은 의외로 무거운 데다 산길을 올라야 해서 더욱 힘들다. 미끄러져 넘어지면 위험하다.

선착장

　지름이 2m 정도 되는 거목이 쓰러져 있었는데 그것을 넘어 산으로 가야 하기 때문에 미끄러지면 무척 위험하다.

　가끔 고바야시가 나무 옆에 쓰러져 "도와줘" 하는 것이었다. 고바야시에게 쌀 운반은 도저히 무리였다.

　낮에 선착장에 가보니 한가롭기 그지없었다. 군대만 아니었다면 얼마나 좋았을까.

　온갖 벌레와 나비와 새 따위가 있었다. 밤이 되면 각양각색의 벌레가 울어대고, 새들도 시시각각 다양한 소리로 합창한다.

　철썩, 철썩 어쩐지 구슬픈 파도 소리는 무슨 이유에서인지 산에 오르면 더 잘 들렸다. 그건 그거대로 좋았다.

　하지만 신병에게는 그런 것들을 온전히 느낄 마음의 여유도, 시간도 없었다.

야자열매 따기

　매일 맛없는 것만 먹었기 때문에 야자열매 따기는 중요한 일과였다.

　매일 먹는 반합 뚜껑 절반 정도의 밥과 간장국만으로는 견딜 수 없었다.

　진지 구축 작업이 없을 때면 산에서 해안가로 내려오면서 자연스럽게 야자열매 따기가 시작된다.

　어린 야자는 안에 든 코프라가 한천처럼 끈기가 있어서 그것을 먹는다.

　반년쯤 있다 보면 어떤 야자열매(다양한 종류가 있다)가 맛있는지 저절로 알게 된다.

　야자 숲은 해안가에 많고 산속에는 거의 없다. 마치 찻집에 들르듯 바닷바람을 맞으며 야자열매의 과즙을 마시는 것이다.

　나중에 알게 되지만, 병사들 중에는 두 번 다시 일본의 찻집에 가보지 못하고 사라진 이들이 많다. 누구나 앞일은 알 수 없다. 특히 신병은 더욱 그렇다.

문어 나무

　어느 날, 정글 깊숙한 곳에서 거대한 문어 나무를 발견하고 깜짝
놀랐다. 엄청난 거목으로, 줄기인지 뿌리인지 알 수 없는 위쪽에 나
무가 우거져 있는 듯한 느낌.

　워낙 거대해서 어디에서든 그 나무가 보인다. 나는 몇 번이나 뒤를
돌아보며 이 거대한 나무를 보았다. 보면 볼수록 이상했다.

　실로 요상한 나무였다. 그야말로 하늘을 향해 우뚝 솟아 있었다.
할 수만 있다면 다시 가서 위쪽에 집을 짓고 살아보고 싶었다.

　왜 '문어 나무'인지 알게 되었다.

　그 밖에도 라플레시아라고 하는 거대하고 어쩐지 섬뜩하게 생긴
꽃을 발견하기도 했다. 그 꽃은 꽃잎이 두껍고 말랑말랑했다. 군홧발
에 쉽게 으스러졌다. 라플레시아는 습기가 많은 곳에서 자라는 듯했
다. 남쪽 나라에는 정말 기묘한 것들이 많았다.

채소 서리

　누가 발견했는지 울우트강 강가에 해자의 담처럼 통나무로 둘러쳐
진 토인의 밭이 있었다.

　요컨대 멧돼지 같은 야생동물들이 밭을 파헤치지 못하게 만들어진
천연의 요새 같았다. 통나무 다리를 건너가면 꽤 면적이 넓은 토인의
밭이 모습을 드러냈다. 큰 나무를 불살라 밭을 일군 듯했다.

　그곳에 온갖 채소가 자라고 있었다. 2년 남짓 먹어본 적 없는 토마
토가 보여서 정신없이 따 먹었다.

　채소만 스무 포대 넘게 가지고 돌아왔다. 엄청난 도둑질이었다. 분
명 토인들도 깜짝 놀랐을 것이다.

　그 바람에 그날부터 타로감자 조림이며 오이 절임 등 반찬이 급격
히 좋아졌다.

　매일 중노동에 시달리는 데다 말라리아 환자도 많았기에 제대로
영양을 섭취하지 못하면 적이 오기도 전에 전멸할 판이었다.

야자 뿌리 채집

토인의 밭에서 채소를 훔치는 것도 휴일에 하다 보니 쉴 시간이 없었다. 언제 적이 들이닥칠지 알 수 없으니 진지 구축이 급선무였다.

반년이나 함께 지내면서 이바라키 사투리도 곧잘 알아듣게 되었으니 따귀 세례도 좀 줄어들 줄 알았는데 웬걸 점점 더 심해졌다.

밤에 잠자리에 들려는데 "신병 집합!!" 하고 옆 분대의 상등병이 말했다. '우리 분대도 아닌데 상관없겠지'라고 생각한 것이 잘못이었다.

"안경 벗어!!" 하는 소리가 끝나자마자 20여 분간 나 혼자만 얻어맞았다. 왜 맞는지 도무지 알 수가 없었다.

분대장은 그만두라는 말 한마디 없이, 내가 실컷 얻어맞고 난 후에야 "좋은 일도 있을 거다. 너무 비관할 것 없어"라는 말뿐이었다.

해군 부대 방문

해군은 밀림(Milim)이라는 일본군 거점 지역에 있었다. 가끔 식량
조달 등의 이유로 그들의 기지를 방문하기도 했다.

해군은 다른 나라 사람처럼 귀한 대우를 받았는데, 그들도 우리를
신기해하며 이것저것 챙겨주었다.

설을 맞아 돼지를 잡아오라는 명령에 열 명 남짓한 병사들이 밖으
로 나왔지만 돼지가 어디에 있는지도 알지 못했다.

해군의 이야기에 따르면 '야생 돼지를 잡는 건 쉽지 않은 데다 멧돼
지나 다를 바 없어 토인들도 자주 팔다리를 물린다'는 것이었다. 설
맞이 식재료 정도로 손쉽게 구할 수 있는 것이 아니었다.

해군은 우리가 딱해 보였는지 그들이 키우는 가장 큰 돼지 한 마리
를 주겠다고 했다. 곧장 커다란 돼지를 끌고 나와 멱을 따고 머리를
자른 후 우리에게 내주었다. 돼지는 칼에 목이 찔리면서 "꽤액, 꽤액"
하고 커다란 소리로 울어댔다. 죽은 돼지가 무거워서 네 명이 짊어지
는데도 굉장히 힘들었다.

이곳의 돼지는 돼지라기보다는 멧돼지에 가까운 느낌이었다.

해군 부대에서 식사 중

　해군은 무척 친절해서 식사를 하고 가라고 권하기도 했다. 육군과 달리 진수성찬이었다. 인원도 육군의 20분의 1 정도인 20~30명으로 건빵 따위도 잔뜩 있었다.

　왜 이렇게 식량이 풍부한지 묻자 "가끔 조난한 배를 발견하는데 주로 다이하쓰이지만 사람은 없고 물건만 있으니 가져오는 것이다"라고 했다.

　나이 많은 준사관이 있었는데 커다란 무선 장비를 가지고 있는 것을 보니 정보 수집 임무를 맡은 분대 같았다. 라바울로 향하는 폭격기며 정찰기가 늘 상공을 맴돌고 있었기 때문이다.

　가끔 기총소사도 한다. 소리가 커서 당장이라도 맞을 것 같은 기분이 드는 것은 기관포일 것이다. 기세가 대단하다.

연습

　이른 아침부터 산 위의 진지에서 메벨로강까지 적이 상륙했을 경우를 가정한 훈련을 했다.

　해도 뜨기 전에 일어나 완전무장을 하고 한참을 달려내려가 미끄러운 통나무 다리를 건너는데 수백 명의 병사가 한 사람도 다치지 않고 건넜다는 것이 놀라웠다.

　늘 하던 훈련이고 나도 스무 살 정도의 젊은 나이여서 대수롭지 않게 여겼지만, 이제 와 생각하면 언제든 일어날 수 있는 일이었기 때문에 훈련을 했던 것이다. 다시 말해, 언제 적이 들이닥칠지 모르는 상황이었던 것이다.

　중대장은 기후에서부터 함께 온 노중위였는데 내게 화투를 그리라고 명령했다.

　중대장실로 가자 지금까지 쓰던 화투가 너덜너덜해졌으니 새로 그리라는 것이었다. 전장에 화구가 있을 리 없어서 노란색은 아크리나민이라는 말라리아 약을 녹여서 사용하고, 빨간색은 머큐로크롬을 사용했다.

울우트강

'화투 그리기'는 닷새 정도가 걸렸는데 그동안은 사역을 나가지 않아도 되었기 때문에 울우트강 강변을 산책했다.

전쟁만 아니었다면 정말이지 한가로운 곳이었다. 강물은 맑고 날씨도 좋아 오랜만에 강변에서 한숨 잤다.

중대장실로 가자 이번에는 초상화를 그리라는 명령. "중대장님, 집에 돌아가면 언제든 얼굴을 볼 수 있는 것 아닙니까?"라고 물었다. 굳이 초상화 같은 걸 그릴 필요가 있을까 싶었다.

그러자 노중위는 "멍청한 녀석, 이런 곳에 와서 살아 돌아갈 수 있을 것 같으냐"며 내게 가족사진을 보여주었다.

"그런가" 하고 생각했지만 당시 나는 앞으로 벌어질 일 따위는 상상도 하지 못했다.

그로부터 한 달 후, 나는 중대장에게 '정근장(精勤章)'이라는 것을 받았다. 다들 묘한 표정이었지만 중대장은 나를 마음에 들어 했던 것 같다.

얼마 후, 나는 한쪽 팔을 잃고 중대장은 자결하는 운명을 맞는다.

악어 사건

메벨로강은 강물이 탁해서 깊이를 알 수 없었다. 강폭은 100m쯤
되며 양쪽 기슭에 그물을 걸쳐놓고 2인용 보트를 이용해 그물을 당
기는 식으로 강을 건넜다. 우연히 나와 함께 보트를 탄 것은 착실하
고 선량해 보이는 신병이었다. 나는 앞에서 그물을 당기고 그 신병은
뒤에서 그물을 당겼다. 그런데 도착했을 때는 나 혼자였다.

양쪽 기슭에 병사들이 있었지만 눈여겨보지 않은 듯했다. 토인에
게 물어보니 "악어다"라고 대답했다. 아무리 찾아도 신병의 모습은
보이지 않았다. 강을 건넜지만 병사가 없으니 다시 돌아갈 수밖에 없
었다. 어쩐지 불길한 기분에 토인의 카누를 타고 건넜다.

대여섯 명 정도가 탈 수 있는 카누는 10cm 정도만 수면 위로 올라
온다. 강 중간쯤 왔을 때 뭔가 물결을 가르며 다가왔다. 토인에게
묻자 "악어다!!"라고 소리쳤다. 급하게 카누를 돌리려다 뒤집히고 말
았다. 헤엄쳐서 강을 건너는데 내가 가장 꼴찌였다. 꼼짝없이 잡아먹
히겠구나 싶었지만 다행히 살아서 맞은편 기슭에 도착했다. 물결을
가르며 다가오던 것은 막대기였다.

적군 정찰기

　어찌 된 일인지 적군의 비행기가 자주 하늘을 오가고, 때때로 저공으로 정찰하는 모습도 보였다. '대공 감시' 임무를 맡은 나는 산 위에서 하루 종일 하늘만 올려다보고 있었다.

　수많은 폭격기가 라바울로 향했다. 아마 사이판이 함락된 때였을 것이다. 하늘을 뒤덮을 정도로 많은 비행기가 출격했다.

　이쯤 되면 소리만으로도 오금이 저린다. 게다가 서너 개씩 폭탄을 떨어뜨리는 것이다. 폭풍(爆風)으로 2m 가까이 날아갔지만 다행스럽게도 다친 사람은 없었다.

　이 무렵에는 밤이면 적의 어뢰정 따위가 다가와 산 위에 있는 숙사를 향해 기관포를 쏘아대기도 했다. 다들 혼비백산해 일어났지만 나는 졸리기도 하고 아래쪽에서 발사하는 거면 누워 있는 편이 안전하다는 생각에 그냥 잤다. '이런 상황에서도 잠을 자는 병사가 있다'며 화제가 되었다. 당시 고바야시는 내 옆에서 잤는데 음악에 대해 아는 게 많아 놀랐던 기억이 난다.

바이엔으로 가는 길

　적의 첩자 혹은 '특수부대'라고 불리는 이들이 산에 숨어 있어 그들을 소탕하러 가기도 하고, 마쓰오라는 병사가 물고기를 잡으러 갔다가 물고기가 목에 걸려 죽는 사건도 있었다.

　그러던 중 내게 바이엔(Baien)이라는 먼 지역, 말하자면 적과 가장 가까운 지역으로 가라는 명령이 내려졌다.

　미야라고 하는 한큐전철에서 근무했다는 하사와 친했기 때문에 "이번엔 진짜 저승행 같다"고 하자 "너라면 괜찮을 거다"라고 말해주었다.

　'즌겐 천국설'을 주장했던 병장에게 갔더니 "그래, 거기도 경치가 끝내준다고 하더라"며 이번에는 '바이엔 천국설'을 들려주었다.

　"병장님, 이번엔 진짜 천국에서 만나야 할 것 같습니다"라고 하자 "그땐 잘 부탁하네"라며 웃었다.

　바이엔에 갈 준비로 '작업'이 없어 오랜만에 느긋한 시간을 보냈다.

숙사

제4분대의 분대장은 돗토리현 출신의 오쿠다 병장이었다. 오쿠다 병장은 콧수염을 기르고 있었다.

오쿠다분대는 울우트강 부근에 있었기 때문에 산에서 내려와 합류했다. 나중에 들은 이야기에 따르면, 원래는 미야 하사(후에 중사)가 가기로 되어 있었는데 갑자기 말라리아에 걸리면서 오쿠다 병장이 대신 가게 되었다는 것이었다(행운이라고 해야 할 것이다).

'사지'로 간다는 생각 때문이었는지 다들 발걸음이 무거웠다.

분대는 그야말로 오합지졸이었다. 릿쿄대학 럭비 선수 출신의 야마모토도 같은 분대였는데 일등병인 그가 이등병인 나보다 선임병이 되었다. 그는 무슨 이유에서인지 나를 당번처럼 불렀다. 하지만 절대 때리지는 않았는데 그게 좋지도 나쁘지도 않은 애매한 상황이었다. 밤에 밖으로 나가자 벌레들이 울고(남쪽 나라의 벌레들은 훌륭한 오케스트라였다) 새하얀 달빛 사이로 별들이 반짝였다. 오늘부터 '진지 구축'의 중노동에서 해방된다는 안도감과 함께 언제 죽을지 모른다는 불안감이 모두를 짓누르고 있는 듯했다.

출발 준비

　지휘부에 통조림과 쌀을 받으러 갔다. 아직 남아 있는 것이 신기할 정도의 물건들이 있어서 깜짝 놀랐다.

　하루 종일 쉬었지만 어찌 된 일인지 그리 즐겁지 않았다. 산책을 나갔는데 덤불 사이에서 바스락거리는 소리가 들렸다. 커다란 '왕도마뱀'이었다. 몸통이 검고 길이는 1m 반이 넘었다. 물을 마시러 온 듯했다. 움직임이 굉장히 빨랐다.

　헌병대의 가네다 중사가 와서 "해군이 주둔한 밀림이란 곳을 지나면 넘버 텐 보이 즉, 오스트레일리아에서 훈련을 받고 자동소총으로 무장한 토인이 습격할 수 있으니 주의해야 한다"고 말했다. 그보다 더 위험한 것은 나무도 심어져 있지 않은 평지가 5km나 이어지기 때문에 거기서 적군의 폭격기에 발각되면 끝장이라는 이야기였다.

　가네다 중사는 토인을 이용해 다양한 정보를 수집하는 듯했다. 그는 해군과 함께 밀림에 있다고 했다.

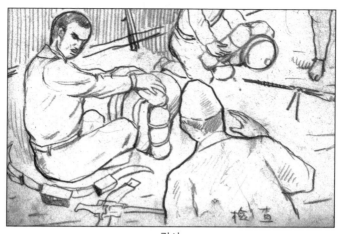
검사

　닷새에 걸쳐 목적지로 가는 만큼 군장 검사도 철저히 했는데 가령 끈이 닳아 쌀이 새지 않는지 따위를 일일이 검사했다. 고지식한 성격의 오쿠다 병장은 특히 더 까다로웠다.

　쌀은 양말에 담았다. 지름 10cm, 길이 30cm 정도를 4개씩 담다 보니 꽤 무거웠다. 소고기 통조림 4개, 소총 탄환 150발 정도에다 무거운 철모까지 썼다.

　울우트강의 도하 지점에 있는 마야마의 분대에 들렀다. "몸 조심히 다녀와라"라고 했지만 정작 마야마는 1년 후 전사했다(중대의 3분의 1은 살아남았다).

　앞일은 누구도 알 수 없지만, 이곳에서 커다란 전투가 벌어질 것이란 생각은 조금도 하지 못했다. 둘 다 스무 살의 젊은 나이였기에 막연히 장밋빛 미래를 꿈꾸었다. 하지만 현실은 냉혹했다. 이제 와 생각하면 그때까지는 조용한 한때를 보냈던 듯하다.

메벨로강 도하

여기에는 '메벨로강 도하'로 되어 있는데 실은 울우트강을 잘못 쓴 것이다. 젊은 시절 기억의 오류를 70세에 바로잡으려니 이상한 기분이 든다. 무엇보다 그림을 보면 당시의 풍경이 그대로 떠오르니 참으로 신기할 노릇이다. 우리의 뇌는 생각보다 훨씬 신기한 것 같다.

울우트강에는 가게야마가 있었다. 그는 이곳에서 사공을 맡고 있었다. "어이!" 하고 부르면 배로 건너편까지 데려다주었다.

그가 "잠깐 이리 와봐" 하며 섬(울우트강과 메벨로강 중간은 섬처럼 되어 있었다)으로 안내하기에 따라갔더니 찐 타로감자가 잔뜩 있는 것이었다. "다른 사람들한테는 비밀이다" 하며 찐 타로감자를 주었다. 분명 섬 어딘가에서 발견했을 것이다. 무척 맛있었다.

가끔 비행기가 정찰을 나왔다. 하루는 가게야마가 재수 없게 적에게 발각되었는데 나무통을 뒤집어쓰고 강으로 도망쳐 기총소사를 피했다는 이야기를 들었다.

몸 조심히 다녀와라

　가게야마는 까막눈이었지만 배를 만드는 목수 출신으로 배에 관해
서는 모르는 게 없었다. 그는 내게 "몸 조심히 다녀와라"고 했다.

　나중에 알았지만 울우트강은 언덕을 둘러싼 해자와 같은 구조였
다. 후에 바다에서 바라보고 알게 된 것이다. 수비에 최적인 장소였
다. 왜 그런 곳에 적군이 상륙했는지는 모르겠다. 상륙하든 하지 않
든 대세에는 전혀 영향이 없기 때문이다.

　250명 남짓한 오스트레일리아 병사들이 무참히 죽음을 맞은 곳이
라는 이유 말고는 떠오르지 않았다.

　라바울에는 10만의 군대가 있었기 때문에 육지에서 공격하는 경
우, 이곳을 점령해 본진으로 삼으면 수비는 쉽겠지만 1944년 당시에
는 이미 전쟁의 대국이 기울었을 때인데 왜 굳이 1개 연대의 병력을
상륙시켜 전투를 벌인 것일까.

　일설에 따르면, 즌겐 전투는 정치가들보다 군인의 논리로 벌어진
전투였다고 한다. 지금 생각해도 도무지 이유를 알 수 없다.

메벨로강 야간 도하

　'메벨로강은 야간에 건넌다'라는 명령이 있었기 때문에 밤이 깊기를 기다렸다.

　밀림에 사는 필리핀인 가족이 있었는데 두 딸이 모두 일본인과 결혼했다. 일본인 사위들은 오스트레일리아군이 상륙했을 때 끌려갔다고 했다. 확실치 않지만, 필리핀인 가족에게 첩자가 되기를 강요하며 일본인 사위들을 인질로 삼았다는 말도 있었다.

　필리핀인 가족은 그런 위험한 곳에 계속 머물러 살고 있었다. 땅을 많이 가지고 있었기 때문에 야자 숲에서 야자유를 채취하는 것을 업으로 삼았던 듯하다.

　그 가족이 이번에 밀림에서 칼라이(Kalai)로 이사한다는 소식이었다. 일본군과 더욱 가까워지는 것이다. 첩자든 아니든 그들의 땅에서 전쟁을 시작했으니 어쩔 수 없다. 딱히 갈 곳이 많은 것도 아니다. 그리고 그 가족의 이동과 우리의 이동이 관계가 없는 일도 아니었다.

불길한 메벨로강

  섬의 내륙 지역에는 이 섬의 지사를 지낸 적이 있는 오스트레일리아인 소령이 오스트레일리아에서 훈련받은 토인들을 활용해 첩보활동을 한다는 소문이었다.

  그래서 우리도 밤을 틈타 행동하는 것이다. 7시경, 달이 뜨자 건너편에서 신호를 보냈다. '배를 타라'는 신호였다. 전등 하나 켜지 않고 오직 달빛에만 의지해 강을 건너는 것이다.

  밤에 강을 건너는 것은 썩 유쾌한 일은 아니다. 무엇보다 '악어 사건'이 있은 지 한 달도 채 되지 않은 때였다. 이 강 상류에서 내 뒤에 타고 있던 병사가 사라졌는데 뒤늦게 하반신만 떠내려온 것을 발견하기도 했다. 이미 부패한 상태였는데 악어는 먹이를 진흙에 묻어 부패시킨 후 먹는다고 했다.

  벌레들이 잔잔한 음악을 연주하고, 새들은 어쩐지 섬뜩한 소리로 울어댔다. 나는 이런 분위기가 싫지만은 않았다.

승선

달밤에 배를 타는 것이 무섭긴 했지만 한편으로는 무척 아름다웠다. 대부분의 병사는 살아서 다시 이 강을 건너지 못했다. 그래서인지 이 도하는 굉장히 인상적이었다(아직도 생생히 기억하고 있다).

인간의 삶과 죽음만큼 불평등한 것은 없다. 특히 전사한 사람과 살아남은 사람의 차이만큼 엄청난 것은 없다. 물론 삶을 최고의 가치로 봤을 때 이야기이지만 말이다. 인간은 본래 '평등'을 좋아하고, 운 좋은 사람이 불운을 겪거나 하면 안심한다. 요컨대 '행복의 독점' 따위를 용납하지 못하는 것이다. 평등은 결코 나쁜 것이 아니라 좋은 것이지만, 아무래도 자연이나 운명이라는 것은 평등하지 않은 듯하다.

한창 나이에 먹을 것도 제대로 먹지 못하고 죽음을 맞는 것은 애석한 일이다. 왜 그런 일이 벌어지는 것일까, 50년간 생각했지만 머리가 나쁜 탓인지 아직도 결론을 내지 못했다. 결국 알 수 없을 것이다. 자기 자신이 무엇인지조차 잘 모르기 때문이다. 마호메트는 '아무것도 깨닫지 못한 채 세상을 떠나려는가'라고 말했지만 인간은 정말 아무것도 모른 채 세상을 떠나는 것이다.

도하

　배는 강기슭을 벗어나 강 한가운데로 나아갔다. 으스스한 분위기
까지 더해져 무척 운치 있는 달구경이 되었다.

　이 메벨로강을 건너는 것이 오늘의 임무인 것이다. 건너편 기슭에
도착하자 '메벨로강 분초(分哨)'가 있어 그곳의 숙사에서 잠을 잤다.

　분초에 있는 사람은 모두 이바라키 출신이었다. 이바라기 사투리
가 통하는 사람들은 형제처럼 이야기를 나누었다.

　분초는 바닷가 안쪽에 있었으며, 해변의 경치가 무척 아름다웠다.

메벨로 분초

　어찌 된 일인지 메벨로강 분초에서 이틀을 묵었다. 적군에 가까이 다가가고 싶지 않은 마음 때문이었는지도 모른다. 오쿠다 병장은 휴식을 충분히 취할 수 있게 해주는 좋은 분대장이었다.

　야마모토는 하루 종일 도쿄에 두고 온 애인 이야기를 했다. 그녀는 고아였는데 발가벗겨도 점 하나 없다며 자랑삼아 이야기했다. 또 럭비 선수 시절, 선배 중에 가수인 하이다 가쓰히코가 있었는데 워낙 깐깐하고 성마른 성격이라 자주 얻어맞았다고도 했다.

　훗날 TV에 출연해 하이다 가쓰히코를 만난 적이 있었는데 그때 야마모토가 들려준 얘기를 물어보려 했지만 잊어버리고 말았다.

　한 달쯤 지난 후의 일이지만, 야마모토는 바이엔의 막사에서 한참 떨어진 곳에서 적군의 총탄을 맞고 목숨을 잃은 듯했다. 오노데라소대가 달려갔을 때 이미 부패한 병사의 시체가 있었는데 어쩌면 그게 야마모토였을지 모른다는 소식을 한참 후에 들었다. 야마모토와 친했던 나는 그에게 만년필을 받기도 했다. 야마모토의 유골조차 못 찾았기에 그 만년필로 그의 유골을 대신했다(두세 달이 지난 후의 일이다).

일동 휴식

메벨로강 분초 근처의 경치 좋은 해변에서 오쿠다 병장의 이야기를 들었다. 돗토리현에서 농사를 짓던 그는 갓 결혼해 밤이면 부부간에 정을 나누고 낮에 밭에 나가면 졸음을 참지 못했다고 했다.

그로부터 한두 달 후, 오쿠다 병장이 적의 습격으로 어깨를 다치자 모리야마라는 신병이 그런 오쿠다 병장을 구하려다 둘 다 죽었다.

그러고 보니 적군의 습격이 있기 사흘 전쯤 분대가 고용한 솔저 보이 중에 바이엔의 추장이라고 하는 오라에트라는 자가 있었는데 그자가 아무래도 적의 첩자였던 듯했다. 그가 숙사의 길이를 보폭으로 재는 수상한 짓을 하기도 했기 때문이다.

전쟁이 끝나고 20년이 지나 즌겐을 다시 방문했을 때 '바이엔에 오라에트라는 사람이 있는지' 물었더니 '아직 살아 있다'는 것이었다. 일본의 연호가 헤이세이(平成, 1989년~)로 바뀐 후 다시 방문했을 때는 이미 세상을 떠난 후였다.

오라에트가 살아 있었으면 오쿠다 병장의 유해가 있는 곳도 알 수 있었을 거란 생각에 아쉬움을 금할 길 없었다.

와이드만

평소 병사들 사이에서 나돌던, 대체로 정확하지 않은 정보에 따르면 적은 반년 후 밀림과 칼라이 중간에 상륙했으며, 그 규모는 1개 연대(3,000명)라고도 하고 1개 여단(2개 연대로 이루어진다)이라는 말도 있었다.

바이엔까지 닷새를 넘기지 말라는 지시가 있었지만 한낮의 행군은 무척 덥다. 해안가를 따라 걷기 때문에 경치는 좋았지만 파도 소리는 어쩐지 쓸쓸하게 느껴졌다. 대추장이 산다는 구마까지는 길이 나 있지만 그 이후로는 길이 점점 좁아지다 아예 없어진다고 했다.

이바라키 출신 선임병이 무거운 경기관총 탄환을 내게 들라고 시켰다. "저는 소총수입니다. 경기관총을 다루는 사람이 들어야 하는 것 아닙니까?"라고 하자 "잔말 말고 들라면 들어!!"라는 것이었다. 하는 수 없이 무거운 경기관총 탄환과 소총까지 들고 갔다. 굉장히 무거웠다. 내가 워낙 건강해 보여서 내게 들라고 시킨 것이다.

릴로 가는 길

반찬은 매일 소고기 통조림이었다. 나중에는 꼴도 보기 싫었지만 그것 말고는 반찬이 없었다.

하루 종일 걸으면 온몸이 땀에 흠뻑 젖는다. 강가에서 빨래를 했다. 금방 마르는 게 신기했다.

오쿠다분대장은 "오늘 밤은 릴(Ril)이라는 곳에서 묵는다"라고 말했다.

릴은 길 양옆으로 집들이 나란히 늘어서 있고, 달빛에 비친 풍경이 아름다운 곳이었다. 병사들은 간신히 쉴 수 있었다.

나는 이 글을 배 위에서 쓰고 있다. 집보다 배에서 쓰는 편이 정신 건강에도 좋고 유람도 즐길 수 있기 때문이다.

아이디어는 좋았지만 열흘이나 배 위에서 맛있는 것만 먹고 있으니 양돈장의 돼지처럼 뒤룩뒤룩 살만 찐다. 식사비가 승선비에 포함되어 있어 아무리 먹어도 공짜라니 괜히 더 탐식하게 된다. 이것도 젊은 시절 지독한 가난을 겪으며 생긴 습성인지도 모른다.

어쨌든 모처럼의 설 연휴를 형식뿐인 배 여행과 일을 하느라 보내고 말았다. 설 연휴에도 왜 쉬질 못하는지 스스로 자문자답해보았지만 결국 일에도 '욕심'을 부리고 있다는 것을 깨닫고 자신의 탐욕스러움에 또 한 번 놀랐다. '욕심'이 없으면 모든 일을 거절하고 자유로워질 수 있을 텐데… 하는 생각도 했지만 그러질 못하는 이유를 스스로도 잘 모르겠다. 아무래도 일 년 내내 '일'에 쫓기며 살아가는 방식이 머릿속 어딘가에 새겨져 있는 것이라는 결론을 내렸다.

오늘 밤은 이곳에서 묵어가겠지

　릴에 도착하자 추장처럼 보이는 사람의 집으로 안내를 받았다. 가
는 길에 커다란 목상이 양옆에 늘어서 있는 것을 보고 깜짝 놀랐다.
달빛 아래에서 보니 괜히 더 웅장해 보였다.

　야마모토에게 "저 목상은 뭘까?" 하고 물었더니 "저기에 공을 차서
맞추는 거 아냐?"라고 대답했다. 야마모토는 뭐든 럭비와 관계된 것
으로 보이는 모양이다.

　나는 일종의 마신(魔神) 같은 게 아닐까 싶었다. 주변은 무서우리만
치 고요했다. 그런 곳에서 이런 '마신상'을 마주하니 더욱 묘한 기분
이 들었다.

릴에서 만난 토인

　다음 날은 출발 전에 일어나 추장에게 목상에 대한 이야기를 들었다. 그의 말에 따르면, 선조들의 목상인 듯했다. 모두 같은 얼굴인 것도 이상했지만 어쩐지 묘한 리듬 같은 것이 느껴지기도 했다.

　마치 북미 원주민 부족인 호피족이 얼굴을 똑같이 칠하고 춤을 추는 것과 비슷했다. 그 모습을 보면 기묘한 기분에 사로잡힌다. 똑같은 얼굴로 춤을 추는 것은 보는 사람이 그런 기분이 들도록 하기 위해서인지도 모른다.

　25년 후, 릴 근처를 다시 방문해 목상을 찾아보았지만 끝내 찾지 못했다. 썩어서 없어졌는지, 철거되었는지조차 아는 사람이 없었다.

　분명한 건 그때는 있었다는 것이다. 그때는 그 이상한 목상이 있었다.

　벌레들이 요란하게 울어대고 달은 아름다웠다. 파도 소리도 기분 좋게 들려왔다.

칼라이로 향하다

드디어 칼라이로 향했다. 소대(약 40명)가 있을 터였다.

반 년 후, 이 칼라이 근처에 적이 상륙했다. 놀란 소대장은 급히 메벨로강까지 퇴각했는데 나중에 그 일이 문제가 되었다. 너무 빨리 퇴각했다는 것이었다.

코앞에 3,000명이나 되는 병사가 상륙했는데 고작 40명의 병사가 퇴각하는 것 말고 무슨 방법이 있을까 싶었지만 그게 잘못이라는 것이었다. 일 년 후, 소대장이 자결을 강요당했다는 이야기를 들었다.

칼라이로 가는 길은 무척 더웠다. 온몸이 땀에 흠뻑 젖었다. 점심을 먹고 나면 빨래를 했다. 빨래는 바위 위에 널어놓으면 30분도 안 돼 말랐다.

이 부근은 숲이 매우 아름답다. 이름을 알 수 없는 식물이며 벌레가 가득했다.

칼라이는 어느 정도 개발이 진행된 곳이라고 알고 있었는데 강에 다리가 없었다. 허리까지 몸을 담그고 강을 건넜다. 강에 있는 나무를 이용해도 되지만 자칫 손을 놓치거나 미끄러지면 풍덩 빠질 수 있어 위험하다.

아름다운 숲과 새들이 지저귀는 한 폭의 그림 같은 곳이었다.

걷다 보니 야자나무에 전갈처럼 생긴 비쩍 마른 벌레가 붙어 있었다. 야자집게 같았다. 전부터 '먹을 수 있다'는 말을 들었기 때문에 먹어보려고 했는데 자세히 보니 역시 전갈이었던 듯 털까지 나 있었다.

그래도 매일 밥과 소고기 통조림만 먹었기 때문에 뭔가 다른 걸 먹어보고 싶었다. 약간의 용기가 필요했지만 날것 그대로 먹어보았다.

와삭와삭 튀김을 먹는 듯한 식감이 뜻밖이었지만 살이 거의 없고 껍질만 씹는 느낌이었다. 하지만 확실히 '새우' 맛이 났다.

하늘에서 폭음이 들리더니 록히드가 나타났다. 무시하고 걷는데 의외로 가까웠다. 아무래도 우리를 노리는 듯 끈질겼다.

… 그렇다면 우리가 움직이기 시작한 걸 적도 알고 있겠지. 고작 1개 분대가 문제가 되지는 않겠지만 말이다….

하늘을 올려다보자 빙글빙글 끈질기게 따라왔다. 그래도 우리는 행군했다.

이유는 모르겠지만 오늘 상공에 나타난 비행기는 맹렬한 기세로 한참을 떠나지 않았다. 몇 번이나 선회했다.

적기 내습

"엎드려!" 하는 선임병의 외침과 동시에 "퍼벙! 펑!" 하고 기관포가 쏟아졌다. "파바바박!" 하는 커다란 소리가 들리자마자 혼비백산해 달렸다.

쏟아지는 포탄이 바위에 맞아 "퍼벙!" 하는 굉음이 울렸다. 적기가 떠날 때까지 초원에 엎드려 있었다.

30분쯤 지나 주위가 조용해지자 걸어 나왔다. 칼라이에 1개 소대가 있었기 때문에 크게 겁은 나지 않았다.

겁이 나야 마땅한 상황이었지만 신병에게는 아무런 정보도 제공되지 않았다. 오른쪽으로 가라고 하면 오른쪽, 왼쪽으로 가라고 하면 왼쪽, 앞으로 가라고 하면 앞으로 가는 그야말로 살아 있는 로봇처럼 취급했다. 당연히 적에 대해서는 아무것도 알지 못했다.

야자 숲을 걷고 있는데 느닷없이 록히드가 포격을 퍼부었다.

파방! 파방! 의외로 정확하게 떨어졌지만 다행히 다친 사람은 없었다. 적기는 산 쪽에서 저공으로 파고든 듯했다. 그런 경우, 비행기의 폭음이 들리지 않을 때가 종종 있다.

모두 무사했지만 이번 기총 사격은 꽤 위험했던 터라 적기가 떠난 후 잠시 휴식을 취하기로 했다.

바람 한 점 없이 화창하고 평화로운 오후였다.

이유도 모른 채 전진했다. 바이엔으로 가는 것이 아무래도 불길하게 느껴졌다. 그래서인지 발걸음도 무거웠다. 분대장도 기운이 없어 보였다.

칼라이

칼라이 앞바다에 두 개의 섬이 있었다. 바닷가에서 작은 길을 따라 안쪽으로 들어가면 통나무 다리가 놓여 있고, 그 너머에 볼품없는 막사가 두 채 있었다. 그곳에 전원이 이바라키 출신인 소대가 있었다.

분대의 이바라키 출신들은 서로 아는 사이인 듯 어깨를 두드리며 이바라키 사투리로 담소를 나누었다.

야마모토는 도쿄에서 왔지만 원래는 이바라키에 있었던 듯 취사계에 아는 사람이 있다며 반합에 설탕을 반쯤 받아왔다. 군대에서 처음 설탕을 본 나는 너무 놀라 그만 설탕을 전부 쏟고 말았다. 야마모토는 "허둥대니까 그 모양이지!"라며 화를 냈다. 설탕을 눈앞에 두고 한번 핥아보지도 못하고 쏟아버리다니 너무나 아까웠다. 한번 핥아보기라도 하고 쏟을걸 한참이나 후회했다.

소대 주변은 평지인 데다 나무도 많아서 무척 좋은 곳이었다.

막사로 안내받았다. 달리 갈 곳도 없었다.

거기서 묵을 것이라고 생각했는데 오후 3시가 되자 행군이 시작되었다.

몸도 몸이지만 심적으로 내키지 않아서인지 행군은 매우 더뎠다.

휴식을 취할 때도 말수가 점점 줄고 밥도 늘 똑같은 반찬이 넘어가지 않아 소금만 쳐서 먹었다.

정글에서도 어쩐지 '죽음'의 냄새가 나는 듯해 기운이 나지 않았다. '불길한 예감' 같은 것이 아니었을까. 좀처럼 걸음이 떨어지지 않았다.

교회 터

이 그림을 그린 곳은 무척 한적하고 교회 터 같은 데도 있었다. 교회 지붕이 빨간색이라 동화의 세계에 들어온 듯 즐거웠다.

한창 나이였기 때문에 무거운 것을 짊어지고도 크게 힘들지 않았다.

인간의 몸은 오토매틱 자동차 같은 것이다. 새 차라고는 할 수 없지만 아직 새것일 동안은 어느 정도 무리도 가능하고 체력적으로 여유가 있기 때문에 무거운 것을 짊어져도 흥미를 끄는 것이 있으면 금세 마음이 그쪽으로 쏠린다.

나이를 먹은 지금은 앞에서도 말했지만 배 여행에 일을 가져오거나 하면 그것만으로도 체력을 소모하는 듯해 배 여행을 즐길 겨를조차 없다.

궁상이 몸에 밴 것일까. 힘들지 않으면 살아 있는 것이 미안한 기분이 드니 참으로 이상한 일이다. 어쩌면 그게 내 진면목일지도 모른다며 자문자답해본다.

　다리가 놓여 있지 않은 급류를 건넜다. 까딱하면 떠내려갈 수 있다.

　이 일대에서는 강한 '야생'이 느껴졌다. 사람의 손이 전혀 닿지 않은 곳이었다. 그런 곳에 원래는 사람이 키웠을지도 모를 야생 닭이 있었다. 땅 위에 있기에 잡아먹으려고 가만히 다가가면 푸드득 하고 날아올라 2, 3m 정도 되는 나무 위로 도망쳤다.

　나비의 종류도 다양했다. 새도 마찬가지이다. 새는 무척 아름다웠다. 특히 앵무새는 굉장히 화려했다. 새만큼 커다란 나비도 있었다.

　원시 그대로의 자연을 간직한 곳이었다. 숲이 무척 아름다웠다.

　밀림의 해군 기지에 도착했다. 해군은 적을 지척에 두고 불안했던지 우리를 크게 환영했다.

　해군은 조난한 다이하쓰 등에서 식량을 구해왔기 때문에 건빵 같은 것도 잔뜩 가지고 있었다. 하사관들이 건빵에 버터를 발라 먹고 있는 것을 보고 깜짝 놀랐다. 모든 것이 열악한 환경에서 버터가 있으리라고는 생각도 못 했기 때문이다.

　나중에 바이엔에서 부상병이 되어 밀림의 해군 기지에 왔을 때는 설탕물까지 주었다. 너무 맛있어서 한 잔 더 달라고 부탁했지만 거절당했다. 그 후 마야마의 소대가 구조하러 왔을 때 해군에게 받은 건빵을 건네자 "이런 곳에서 비스킷을 먹다니!" 하고 놀라며 허겁지겁 먹었다.

　해군은 맛있는 것을 먹어서인지 건강해 보였다. 육군처럼 지쳐 있지 않았다.

밀림의 토인

밀림에는 토인이 있었다. 여성은 피부가 매끄럽고 윤이 났는데 이 부근에 사는 토인은 종족이 약간 다른 것 같기도 했다.

어떻게 가져왔나 싶을 정도로 커다란 무선기로 '일본어 방송을 들을 수 있다'고 해서 들어보니 적측에서 내보내는 일본어 방송이었다. 그 내용인즉 '이제 일본군은 독 안에 든 쥐다. 애드미럴티(Admiralty)제도, 탤러시, 가스마타, 부건빌을 장악당해 희망이 없다'는 것이었다.

밀림에 있는 가네다 중사(헌병대)에게 부근에서 벌어지는 첩보전에 대해서도 들었다. 그의 말에 따르면, 최근 바이엔 부근에서 적의 첩자들이 왕성히 활동하며 비행기를 이용해 보급을 받고 있다는 것이었다. 병력은 대략 20~30명 정도.

해군은 가네다 중사가 있으면 주변 사정을 알 수 있어 든든하다고 말했다. "해군 20명으로는 불안합니까?" 하고 묻자 "불안합니다"라고 대답했다.

언덕에 올라가 보니 소형 대포(40mm 포)가 설치되어 있었다.

구마(Guma)에 대추장이 있다고 해서 마을이라도 있을 줄 알았는데 집이 20~30채 있는 정도였다. 대추장이 "담배 서비스"라고 해서 한 개비 주었더니 좋아했다.

이 일대는 무슨 이유에서인지 길이 잘 닦여 있었다. 가네다 중사는 구마를 지나면 길이 없어질 것이라고 했는데 과연 얼마 안 가 길다운 길이 사라졌다.

동시에 인간의 손길이 전혀 닿지 않은 자연 경관으로 바뀌며 깊은 정취를 자아냈다. 강물도 무척 맑고 깨끗했다. 바위 같은 것들도 조화롭게 배치되어 있었다. 새와 벌레들이 자유롭게 날아다니는 천혜의 경관이었다.

살아서 돌아간다면 다시 돌아와 이 일대를 탐험해보고 싶었다. 지금도 그 마음은 여전한데 일 때문에 좀처럼 시간을 낼 수 없다.

불길한 1박

마침내 희미하게 길이 나 있는 곳을 발견하고 그리로 갔다. 여전히 새와 벌레들이 많았다. 숲에는 빨갛고 노란 꽃과 꽃잎이 흩뿌려져 있어 무척 아름다웠다. 다들 이유 없이 즐거워 보였다. 식물들이 산소를 내뿜어서일까, 발걸음도 어쩐지 가벼운 느낌이었다.

걷다 보니 어느새 해가 저물어 이제 어떻게 하려나 싶었는데 강가에 집이 한 채 있어 그곳에서 묵어가기로 했다.

불침번은 1시간 간격으로 교대했다. 내 뒤가 야마모토였는데 무슨 이유에서였는지 한밤중에 "탕" 하고 소총을 한 발 쏘았다. 다들 깜짝 놀라 깼는데 "조작 실수였습니다" 하고 사죄했다. "조심해. 간 떨어질 뻔 했잖아"라는 분대장. 원시의 고요를 깨뜨리는 한 발의 총성은 굉장히 압도적이었다.

게다가 이전과 달리 유독 깊고 고요한 밤이었기 때문에 한 발의 총성은 모두의 간담을 서늘하게 만들었다.

팔각정

　이 부근까지 오자 토인들도 일본인이 신기했는지 담배 한 개비만
주어도 배낭을 들어주는 등 굉장히 우호적이었다.

　빗을 가지고 있는 사람이 있었다. 그 빗에는 묘한 문양이 그려져
있었다. "새우다"라고 했다. 새우를 분해해 디자인한 것이었다. 독특
한 방식에 감탄해 빗을 '달라고' 해보았는데 어머니의 유품이라 줄 수
없다고 했다. 그 대신 이것을 주겠다며 간소한 모양의 빗을 내게 주
었다.

　바닷가를 걷고 있는데 베란다까지 딸린 팔각정 형태의 집이 있었
다. 토인들도 이런 집을 지어놓고 경치를 즐기는구나 싶어 사다리를
올라 집 안으로 들어가 보려는데 "그만둬" 하고 분대장이 고함을 질
렀다.

　들리는 것은 파도 소리와 쾌활한 토인의 웃음소리뿐이었다. '전쟁'
과는 거리가 먼 곳이었다.

삼푼

    분대는 '이 일대는 넘버 텐 보이가 출몰한다'는 말이 있다며 나를 선두에 세우고 소총을 장전한 상태로 나아갔다.

    내가 가장 건강해 보여서였을까, 아니면 제일 먼저 죽어도 상관없어서였을까.

    그래도 맨 앞에서 걸으면 기분이 좋았다. 앞에 사람이 없는 것만으로도 나뭇잎 색이며 꽃의 색깔이 전에 없이 아름답게 느껴졌다.

    좁고 구불구불하게 이어지는 길도 무척 재미있었다.

    때때로 "끼약~" 하고 묘하게 울어대는 새소리도 들려오고, 난생처음 보는 벌레가 날아다니기도 했다. 더구나 이전에는 본 적이 없는 꽃이 만발해 있는 등 그야말로 '천국에 온 기분'이었다.

　삼푼(Sampun) 근처까지 왔는지 마침내 절벽이 나타났다. 길고 좁은 길이 절벽을 따라 이어져 있었다.

　이윽고 눈앞에 바다가 펼쳐졌다. 거친 바다는 인적이 없어 외롭고 황량한 느낌이었다.

　내일이면 바이엔에 도착할 것이다. 이 절벽 너머의 언덕은 평지가 길게 이어지기 때문에 가장 위험한 곳이라고 했다. 즉, 적기가 내습하면 숨을 곳이 없다는 말이다.

　"분대장님, 거길 지나는데 몇 시간이나 걸립니까?"

　"3시간. 거길 무사히 지나면 콜롱콜롱이 나오고 바로 그 아래가 바이엔이다."

　이윽고 그 넓은 언덕 위에 도착했다. 엄청나게, 아니 끝이 보이지 않을 정도로 넓었다. 이런 곳에 이렇게 드넓은 대지가 펼쳐져 있다는 게 믿기지 않았다. 밭도 없고 아무것도 없는, 그냥 초원이었다.

　뜨겁게 내리쬐는 태양 아래에서 쉼 없이 걸었다.

대지

　3시간쯤 걷는데 너무 더웠다. 커다란 나무 그늘에서 잠시 쉬는데 야마모토가 총을 빌려달라는 것이었다. 뭘 하려나 싶었는데 높은 곳에 달린 나무 열매를 쏴서 떨어뜨리려는 듯했다. 운 좋게 명중하면서 나무 열매가 떨어졌다. 그 열매는 섬유질이 많아서 입안에 넣고 빨아 먹어야 하는 과일로 보랏빛을 띠고 있었다. 빨아 먹었더니 무척 맛있었다.

　하지만 총을 사용하면 포신에 가스가 차서 청소하기가 힘들다. 야마모토는 자기 총은 두고 남의 총으로 맛있는 과일을 손에 넣은 것이다. 나도 할 일이 태산인데 소총 청소까지 하게 된 것이다. 야마모토는 나무 아래에서 자고 있었다.

　어쨌든 늑장을 부리다 공습을 받으면 끝장이었기 때문에 다들 쉬는 둥 마는 둥 하고 다시 걷기 시작했다. 소총 청소를 하다 뒤처진 나는 "뭘 꾸물거려!" 하고 분대장에게 또 호통을 듣고 말았다.

　대지를 지나자 미제트웨이라는 곳이었다. 머지않아 콜롱콜롱에 도착해 하룻밤 묵어가기로 했다.

　막사처럼 지은 토인의 집이 10채 정도 있었다. 마을의 장로가 숙사로 안내해주었다. 야자 잎으로 만든 침대가 있었으며, 10명 정도가 잘 수 있는 공간이었다.

　야자유 램프를 가져왔기에 뭘 하려나 싶었는데 타로감자를 구워 검게 탄 껍질을 조개껍데기로 벗겨냈다. 그대로 먹을 수 있는 '비상식량'이었다.

　먹어보니 꽤 맛있었다. 차가웠지만 바깥쪽은 비스킷 같았다.

　장로는 걱정스러운 눈길로 우리를 바라보았다.

　40년 후, 이곳을 다시 방문해 알게 된 것이지만 콜롱콜롱 사람들은 원래 바이엔에 살았는데 일본군이 주둔하면서 하는 수 없이 콜롱콜롱이라는 언덕 위에서 살게 된 것이었다.

　이유는 모르겠지만, 조용한 마을이었다.

　토인은 방 안에 불을 피워놓고 잤다. 밤에는 춥기도 하고 무엇보다 연기로 모기를 쫓기 위해서일 것이다.

　이유는 모르겠지만, 무척이나 조용하고 불길한 밤이었다. 토인의 행동거지도 어쩐지 수상했다. 땅속으로 빨려 들어가는 듯한 기묘한 기분이었다.

　다들 말수가 적고 토인도 딱히 입을 열지 않았다. 불침번을 세우고 잠자리에 들었다.

　이곳에 오기까지 일주일이 넘게 걸렸다. 닷새를 예상했지만 길이 없는 곳이 있었기 때문에 시간이 지체된 것이다.

　어쨌든 콜롱콜롱의 밤은 이유 없이 불길했다.

　어쩐지 불길한 예감 때문인지 동틀 무렵 출발하게 되었다.

　토인들은 배낭을 들어주는 등 이상하게 서비스가 좋았다. 장로는 우리가 일찍 떠나자 안심하는 듯한 표정이었다.

　이제 와 생각하면, 콜롱콜롱의 노인들은 어느 정도 정보를 알고 있었던 듯하다. 해군이 고용한 솔저 보이라고 칭하는 토인의 절반 이상이 콜롱콜롱 출신이었다. 그래서인지 콜롱콜롱에는 노인과 소년들뿐이었다.

　배후에 '특수부대(라고는 해도 열 명 내지 스무 명 남짓이었을 것으로 생각된다)'가 있었던 것이다. 그래서 그토록 불길한 기분이 들었던 것이 아니었을까 하는 생각이 든다.

　날이 밝기 전에 행군을 시작했는데 어느새 아침 해가 떠올랐다.

바이엔 입구

　길이 넓어졌다. 기분 좋은 아침 햇살 속에서 새들이 지저귀는 소리를 들으며 언덕을 내려갔다.

　언덕 아래가 바이엔이었다. 아름다운 곳이었지만 어쩐지 적막했다.

　10여 명의 해군들이 우리를 반갑게 맞아주었다. 적이 즌겐과 바이엔 중간에 상륙하는 경우, 어떻게 해야 할지를 두고 고심하고 있었던 듯하다. 말하자면, 적진 한가운데에서 진공 지대처럼 남겨지는 것이다. 도망친다 해도 갈 곳이 없다는 것이었다.

　듣고 보니 우리도 걱정이었다. 이런 육지의 외딴 섬 같은 곳에 남겨진다는 것은 어떤 의미에서는 '유배'나 다름없는 것이다.

　우리는 강 근처에 있던 해군과 꽤 떨어진 곳에서 머물렀다. 중간에 평지가 있고 망루가 하나 있었는데 그곳은 휴게실처럼 이용하고 보초를 서는 곳은 따로 있었다.

　적이 상륙할 경우, 선단이 통과할 것으로 예상되는 장소를 감시하는 것이었다.

　오쿠다분대장이 무슨 명령을 받았는지는 본인은 물론이고 해군도 별다른 언급이 없었다. 말이 없는 것을 보면 의외로 별 계획 없이 배치된 것이 아닐까 싶은 생각도 들었다.

　지도상으로는 군이 배치되어 있으면 아무래도 든든한 위치인 듯 보이지만 길도 없는 데다 산과 강에 둘러싸여 있다 보니 좀처럼 이동이 쉽지 않다.

　공격을 당해도 연락하는 데 닷새나 걸리는 곳에서는 그야말로 속수무책일 수밖에 없다.

　조용하고 들리는 것이라고는 파도 소리뿐이라 어쩐지 '유배'된 듯한 기분이었다. 유배라는 것은 생각보다 훨씬 외로운 것이구나 하고 실감했다.

　밤에는 더욱 적막해서 벌레며 새소리만이 쓸쓸히 들려온다. 달이 뜨는 밤이면 더욱 기묘한 기분에 사로잡힌다.

　해군은 솔저 보이라고 부르는 스무 명 남짓한 토인을 고용해 허드렛일을 시켰다. 목욕물을 데우거나 청소를 시키는 것 외에도 식량을 구해오는 일에도 이용하는 듯했다.

　육군에는 열 명뿐이었다. 해군과는 꽤 멀리 떨어져 있었기 때문에 무척 조용하고 어쩐지 외롭기도 했다.

　해군이 가진, 성능이 뛰어난 망원경으로 바다를 감시하는 것이 우리의 임무였다.

　가끔 해 질 무렵 나타난 적기가 가까운 곳에서 갑자기 엔진 소리를 낮추고 저공으로 무언가를 떨어뜨리는 듯했다. 가까이에 있는 적의 특수부대에 대한 보급이 아니었을까(나중에 깨달았다).

　그로부터 2, 3주쯤 지났을 때 해군에서 고용한 솔저 보이가 모두 사라졌다는 말을 들었다. 그들이 묵던 숙사가 텅 비어 있었던 것이다.

　해군과 상의했지만 이미 해가 진 뒤라 대책은 내일로 미루고 오늘 밤은 일단 자기로 했다.

　분대장은 소총에 탄환을 장전해놓고 자라고 지시했다. 야마모토는 불안해 보였지만 아무렇지 않은 척했다.

　나는 야마모토에게 말했다. "해군과 함께 막사를 떠나 망루에 모여 있는 것도 괜찮은 방법 아닐까?" 하지만 야마모토는 "밤엔 추운데, 거기서 어떻게 자냐"는 것이었다.

　인간은 위기가 닥치면 '예지' 능력이 발현되는 것이 아닐까. 이제껏 경험해본 적 없는 '불길함'에 병사들은 말수가 부쩍 줄고 이야기를 하더라도 괜히 목소리를 낮추었다.

　밤이 깊었다. 불침번은 80m쯤 떨어진 해군의 망원경이 설치된 망루로 가야 했다.

　1시간 간격으로 일어나 군장을 갖추고 망루로 향한다. 상황 파악도 제대로 되지 않는 곳에서 무슨 변이라도 생길까 봐 다들 불안해했다.

　분대원들은 잠자리에 들었지만 깊이 잠들지 못했다. '불길함'을 느꼈던 것이다.

　하지만 다들 젊은 나이였기 때문에 잠이 들었다. 불침번이 몇 번쯤 교대했을 때 나는 한창 숙면을 취하고 있었다. 주위는 무척 조용했다.

　새벽 3시쯤 되었을까, "컹, 컹" 하고 개 짖는 소리가 들리더니 좀처럼 멎지 않았다. 뒷산 쪽에서 들려오는 듯했다. 콜롱콜롱 방향인지도 모른다.

　쥐 죽은 듯 고요한 밤의 개 짖는 소리는 불길한 징조였다. 불길한 예감이 오장육부로 퍼져나갔다. 다들 뭔가 변이 생긴 것이라고 생각했다.

일어나라는 명령도 없었는데 모두 일어났다. 나도 잠에서 깼다. 야마모토는 자리에 누워 "일어날 필요 없어"라고 했다. "개 짖는 소리다"라는 말에 "그걸 누가 몰라? 뭘 그렇게들 벌벌 떨고 난리야"라며 심기가 매우 불편해 보였다.

다들 잠에서 깼지만 누구 하나 입을 열지 않았다.

"호들갑 떨지 마."

야마모토 선임병은 돌아누우며 나를 나무랐다.

개 짖는 소리가 멎자 이상할 정도로 고요했다. 불길한 밤이었다. 밖을 내다보자 달빛 때문에 주위가 훤했다. 다들 조용히 잠을 청했다.

동틀 무렵, 누군가 발을 건드렸다. 마지막 불침번일 것이다. 불침번을 서야 하는 걸 까맣게 잊고 있었다.

주변의 공기는 불길하기 짝이 없었다.

인간의 운명이라는 것은 소설의 단골 주제가 될 만큼 불가사의한 것이다. 나의 불침번 순서도 참으로 묘한 일이었다.

나는 막사 한가운데서 잤기 때문에 매우 위험했다. 내 오른쪽에서 자던 야마모토와 왼쪽에 있던 다니라는 신병 모두 목숨을 잃었다. 인간의 운명을 가지고 누군가 장난을 치고 있는 것이라고밖에 말할 수 없었다.

나는 잠이 덜 깬 상태로 어두운 길을 걸어 초소로 갔다. 초소는 전망이 좋고 지붕도 있었다. 이곳에서 해군과 육군에서 각각 1명씩 두 사람이 바다를 감시하는 것이다.

나는 반쯤 졸고 있었다. 해군의 망원경은 성능이 좋아 들여다보는 게 꽤 재미있었다. 꾸벅꾸벅 졸면서도 망원경을 들여다보고 있었다.

그리고 적의 폭격이 시작되었다. 나의 『라바울 전기』는 여기에서 끝이 난다. 경제적인 사정 때문에 일자리를 찾아나설 수밖에 없었던 것이다. 다시 말해, 일하지 않으면 끼니를 잇기 힘들어졌던 것이다.

그런 탓에 '전기'의 가장 흥미로운 부분이 빠지고 말았다. 그렇다고 아무런 언급도 없이 그냥 넘어가기에는 아쉽기 때문에 후에 출간한 『딸에게 들려주는 아버지의 전기』에 실었던 그림으로 '그 후'의 이야기를 대신 설명한다.

『라바울 전기』제3부

실로 놀라운 광경이었다.
높은 나무에 수십 마리의 앵무새가
모여 있는 것을 가까이서 보았다.

아, 30분 정도 본 것인데…

　해군과 육군은 서로 다른 사회에 속하기 때문에 계급과 상관없이 오가는 말투가 굉장히 정중하다.

　"저는 취사 당번이라 먼저 실례하겠습니다." 보초 근무 시간이 아직 5분 정도 남았지만 해군은 먼저 숙사로 돌아가고 나만 혼자 남았다.

　남쪽 나라는 해가 빨리 뜨는데 그 광경이 무척 아름답다. 나는 망원경의 방향을 이리저리 바꾸었다. 정글의 높이 솟은 나무들 위로 예쁜 앵무새 20~30마리가 모여들어 즐거운 듯 날갯짓하고 있었다. 아침 안개 사이로 꿈을 꾸듯 펼쳐지는 황홀한 광경이었다. 넋을 잃고 바라보다 기상 시간에 30분이나 늦고 말았다.

　허겁지겁 막사로 돌아가려던 참이었다. "파바바박" 하는 묘한 소리가 들렸다. 계속해서 좌우에서 "피용피융" 하는 소리가 났다. 이상한 생각에 바닥에 엎드리자 내 뒤쪽 바다에 거센 물보라가 솟구쳤다. "헉, 나를 노리는 것이다!" 정신없이 소총을 쏘아대는데 자동소총 따위가 일제 사격을 해왔다.

　어깨에 총상을 입은 분대장이 막사 밖으로 나오다 그를 돕던 신병과 함께 푹 쓰러졌다. 지근거리에서 수류탄이 작렬했다. 해군 측에 중기관총이 있었는지 "다다다다" 하는 육중한 소리로 응전했다. 이때다 싶어 바위 뒤에 숨어 대여섯 발 정도 쏘는데 오스트레일리아에서 훈련을 받은 것으로 보이는 독특한 반바지 차림의 숄저 보이(토인) 대여섯 명이 자동소총을 쏘아댔다(모습은 보이지 않았다). 육군 쪽은 전멸했으리라고 생각하는데 해군 쪽에서도 중기관총 소리가 멎었다.

　하나뿐인 길은 적에게 가로막히고 아찔한 절벽 아래에는 바다가 소용돌이치고 있었다. 어쩔 도리가 없었다. 나는 그 소용돌이 속으로 뛰어들었다. 허우적거리는 사이 소용돌이에 휘말리고 말았다. 하는 수 없이 총을 버리고 바위에 매달렸는데 그마저도 힘들어 탄창까지 풀어버렸다(이게 가장 무겁다).

　가까스로 기슭에 도착한 나는 필사적으로 현장에서 멀리 도망쳤다. 한 명이라도 살려두면 이런 형태의 기습 작전이 불가능하기 때문에 몸이 날랜 토인 두세 명을 추격대로 보낼지도 모를 일이었다.

　몇 시간이나 걸어 평소라면 절대 오르지 못할 것 같은 절벽을 기어오르자 거대한 파파야가 가득했다. 절벽 위에서 내려다본 바다는 고향에서 보던 것과 다를 바 없는 한낮의 바다였다. 식물이며 돌이며 다들 평온하게 살고 있는데, 왜 인간만 이렇게 살아남기 위해 몸부림쳐야만 하는 것일까. 실은 우리 분대가 폭격을 당하기 3, 4개월 전에 자키노만이라는 곳에서 해군 30명이 전멸했다. 단 한 명도 살아남지 못했기 때문에 어떻게 당했는지 알 길이 없었다.

밤이 되었다. 마을을 지날 수 없었기 때문에 머리만 내밀고 바다를 헤엄쳐 통과하려고 했지만 파도가 거세어 두세 걸음 갈 때마다 2, 3m씩 이리저리 휩쓸렸다. 하는 수 없이 해변으로 올라와 집들 사이로 몸을 숨기며 이동했다. 바람과 파도 소리만 들려오는 어두운 밤이었다(아직도 그 소리를 기억하고 있다).

얼마 안 가 또다시 절벽 길이 나타났다. 하필 그 외길에서 횃불이 아른거리는 것이 보였다. 되돌아간들 마땅히 숨을 곳이 없었다. 불빛은 점점 커졌다. 횃불은 4개였다. 허겁지겁 절벽에 매달릴 수밖에 없었다(한낮의 뭉게구름 사이로 떠오르는 부모님의 얼굴을 그리며 작별 인사를 해두었다).

고개를 들면 발각될까 봐 아래쪽만 보고 있었다. 한 무리의 사람들이 지나간 후 희미한 발소리와 함께 불빛이 오른쪽에서 왼쪽으로 이동했다. 내 머리 위에서 걸음이 멎는 건 아닌지 조마조마했지만 다행히 발소리는 점점 멀어졌다.

　다음 날, 파도 소리에 눈을 떴다. 두려운 마음에 서둘러 중대가 있는 방향으로 걸었다.

　구마라는 마을 앞을 지나다 한 토인 아이와 마주쳤는데 무척 당황하는 얼굴이었다. 아이가 놀라는 것을 보고 나도 당황했다. 최대한 빨리 마을을 빠져나가기로 했다.

　70m쯤 달렸는데 마을의 부추장이 허겁지겁 쫓아왔다. 커다란 코를 벌렁거리며 긴장한 얼굴로 "산길로 갈 것이냐, 바닷길로 갈 것이냐?"고 물었다. 이상한 생각이 든 나는 일부러 "산길로 갈 것이다"라고 대답했다. 토인은 잔뜩 긴장하며 바닷길로 가라고 했다. "아니, 산길로 갈 것이다"라고 하자 부추장은 당황하며 마을 쪽으로 되돌아갔다. 살기를 느낀 나는 곧장 훈도시에 단검만 차고 바다로 뛰어들었다.

　앞바다에 야자열매가 잔뜩 떠 있어서 거기 섞여 헤엄치는데 생각보다 수심이 깊고 불길한 느낌이 들었다. 상어도 있다는 이야기를 들었던 터라 훈도시를 최대한 늘어뜨리고 헤엄쳤다.

　육지에서는 토인 서너 명이 죽창 같은 것을 들고 나와 같은 속도로 걷고 있었다. 육지에서 내가 헤엄치는 게 보이는 것일까. 다음 마을에서 네댓 명의 토인이 마찬가지로 죽창을 들고 모여 있었다. 적인지 아군인지 분간이 되지 않았다. 총탄이 스친 상처에 바닷물이 스며들어 고통스러웠다. 어느덧 해가 저물고 헤엄치는 것도 힘들어졌다.

　야자열매 사이를 헤치며 육지로 올라왔는데 도무지 걸을 수 없었다. 다리가 말을 듣지 않았다. 바닷가를 기어서 작은 다리 아래로 들어가 눈을 붙였다. 눈을 떴을 때는 이미 해가 완전히 저물어 밤하늘에 별이 반짝이고 있었다.

　서둘러 자리를 뜨려는 순간, 앞쪽의 나무 그늘에서 횃불 하나가 날아오는가 싶더니 순식간에 15, 16개가 날아오며 커다란 불기둥으로 변해 나를 비추었다. 동시에 떠들썩하게 들려오는 긴장된 목소리. 깜짝 놀라 고개를 돌려보니 U자형으로 토인들에게 둘러싸여 있었다.

　토인의 손이 어깨에 닿는 순간, 어디서 그런 기운이 솟았는지 바다를 향해 전력 질주했다.

　하지만 산호초로 이루어진 바다였기 때문에 30cm에 불과하던 수심이 갑자기 2m 정도로 깊어지기도 해 무척 위험하다. 게다가 톱날처럼 날카로워 발을 베이기 십상이다(군화는 이미 밑창이 떨어져나갔다).

　토인들도 중간에 포기했는지 횃불을 3개로 만들어 카누 2척을 내보냈다. 그 횃불이 참으로 신기한 것은, 각자 불이 꺼진 횃불을 들고 야자나무 그늘에 숨어 있다가 동시에 한곳에 모으면 큰 불이 되는 것이었다. 수십 개의 횃불이 거대한 불로 변해 주변을 훤히 비추는 것이다. 아마 토인들 사이에 전해 내려오는 지혜가 아니었을까.

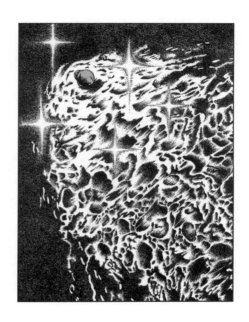

　바다는 중유(重油)처럼 검었다. 게다가 내 몸 주위에는 굳이 따라올 필요 없는 야광충의 일종 같은 것이 따라왔다. 급기야 몸에 들러붙어 시커먼 바다 위에 사람 모양의 빛이 만들어졌다.

　이대로는 카누 위에서 죽창으로 한번 찌르면 끝이겠구나 하는 생각에 온몸에 힘이 쭉 빠졌다. 남쪽 나라의 밤바다는 검고 차갑고 불길했다.

　그때의 순간적인 판단이 생사를 갈랐다(나중에 안 것이지만). 계속해서 바다로 도망쳐봤자 카누로 쫓아오면 잡힐 수밖에 없었다.

　마침 지름 2m가량의 커다란 유목이 육지에서 바다 쪽으로 쓰러져 있어서 거기에 몸을 숨기기로 했다. 적전 상륙이나 다름없었다.

　밤이라 다행이었다. 또 커다란 나무 안쪽이 텅 비어 있던 덕분에 터널을 통과하듯 걸어서 나무 뿌리 쪽으로 나올 수 있었다.

　밖으로 나오자 야자 숲이었다. 근처에서 토인들이 횃불을 들고 소란을 피우고 있었지만 설마 야자 숲 안에 있을 것이라고는 생각지 못했을 것이다. 하지만 개가 짖기라도 하면 끝장이다. 나는 정글 안으로 도망쳤다.

　조금이라도 그들에게서 멀어지고 싶었다. 야자 숲은 한참을 이어져 있었다.

　곳곳에 떨어져 있는 야자열매에 발이 걸려 넘어졌다. 다시 일어나
한 걸음 걷자마자 또다시 넘어졌다. 허둥대고 있던 데다 체력이 떨어
져 다리가 말을 듣지 않았다.

　정글 안에서 나무 넝쿨인지 뭔지 모를 것들 때문에 거대한 그물에
걸린 듯 꼼짝할 수 없게 되었다.

　그런 상황에서 말라리아모기 떼까지 습격했다. 발은 산호에 베인
상처투성이인 데다 몸에서도 피가 흘렀다. 짠 바닷물 속에 있었던 것
도 모기를 불러 모은 이유였는지 모른다. 얼굴을 만지기만 해도 100
여 마리 정도는 잡을 수 있을 것 같았다. 잡기는커녕 피를 빤 모기들
때문에 손이 미끄러질 지경이었다. 아마 시커멓게 얼굴을 뒤덮고 있
었을 것이다.

　주위는 온통 깜깜했다. 나중에 생각했지만, 지옥이 바로 그런 곳이
아닐까.

간신히 모기 지옥에서 벗어났지만 주위는 여전히 깜깜했다. 평지라고 생각하고 걷다 1m가량 곤두박질치기도 하고, 앞으로 가려다 바위에 이마를 부딪치기도 했다. 어쨌든 토인들이 있는 장소에서 1m라도 멀어지지 않으면 안심할 수 없었다.

그런데 앞쪽에서 부스럭거리는 소리가 들렸다. 귀를 기울였다. 확실히 누군가 다가오고 있었다.

'한 치 앞이 어둠'이라는 말 그대로 한 치 앞도 보이지 않았기 때문에 소리로 보는 수밖에 없다. 그 소리는 내 앞에서 딱 멈추었다.

분명 살아 있는 동물의 기척이었다. 어쩌면 토인일지도 모른다. 토인들도 다양한 부족이 있는데 후에 내가 가깝게 지낸 부족은 트라이 족으로 이 일대는 다른 부족이 살고 있었다. 헌병대에서 들은 이야기로는 그들은 적과 아군의 구분 없이 물건을 많이 주는 쪽에 협조한다고 했다.

  그런데 그 정체를 알 수 없는 무언가가 "훅, 훅" 하고 숨을 내쉬었다. 게다가 상당히 흥분한 상태였다. 서로 상대가 확실히 보이지 않았기 때문에 가만히 있었다. 인간이 분명했다.

  그대로 5~10분이 지나고 또다시 20~30분 정도가 지나자 나는 더는 긴장된 상태를 참을 수 없게 되었다. 허리에 차고 있던 단검을 뽑아 "보이!" 하고 외치며 달려들었다.

  그러자 상대는 "끼익, 끼익!" 하는 소리를 내지르며 정글로 달아났다.

  상대는 야생 돼지였다. 야생 돼지라고는 해도 멧돼지보다 몸집이 큰 것은 토인들도 팔다리를 물어뜯기는 일이 종종 있을 만큼 무시무시하다.

날이 밝았을 무렵에는 꽤 높은 산 중턱에 닿을 수 있었다. 거기에
서 잤다. 눈을 뜨자 햇볕이 뜨겁게 내리쬐고 있었다. 온몸의 관절이
아팠다. 목이 말라 죽을 지경이었다.

야자열매를 따서 과즙을 마시려고 했는데 단검을 잃어버린 탓에
단단한 야자껍질을 벗길 도구가 없었다. 바위에 쳐서 껍질을 벗기려
고 했지만 잘되지 않았다. 야자열매는 7, 8cm 두께의 섬유질에 둘러
싸여 있다.

1시간쯤 지나 간신히 딱딱한 껍질 부분에 도달했다. 이 껍질만 벗
겨내면 물을 마실 수 있다고 생각하니 나도 모르게 기운이 솟아 바위
에 힘껏 내리쳤다. 과즙이 흘러나왔다.

급하게 입을 댔지만 사방으로 찢긴 야자 섬유를 따라 흘러내린 과
즙이 양 볼을 타고 목덜미만 적시고 정작 입안으로는 한 방울도 들어
오지 않았다. 참고 참았던 울분이 치밀었다.

　강을 발견해 목을 축이고 새우를 잡아먹었다. 뭐가 어떻게 잘못된 것일까. 이 강이 중대의 취사장으로 이어져 있을 것이라는 망상에 사로잡혀 상류로 가기로 했다.

　강의 합류 지점에 도착하자 아름다운 달이 떠올라 장대하고 신비로운 광경이 펼쳐져 있었다. 잘못된 판단이라는 것을 깨닫고 되돌아왔다. 얼마 남지 않은 체력을 낭비했다는 생각에 부아가 치밀었다.

　방향감각을 잃은 나는 눈앞에 나타난 토인 마을로 갔다. 아무도 없었지만 아궁이의 재가 아직 따뜻해서 그 재에 파묻혀 잠이 들었다.

　또다시 2, 3일쯤 걸어 해군 움막을 발견하고는 그 자리에서 쓰러졌다. 얼마 후 도착한 육군 소대와 함께 중대로 돌아왔다. 중대장은 나를 보자마자 "왜 도망쳤냐. 모두 죽었으니 너도 죽어라"고 말했다. 그러고는 하루도 쉬게 해주지 않았다. 그 후부터 중대장은 물론 군대조차 이해할 수 없었다. 동시에 가슴속에서는 거센 분노가 들끓었다.

피융! 피융! 피융!

뒷산에 적의 소부대가 숨어 통신을 하고 있는 듯하다는 정보가 들어와 빗속을 뚫고 출동했다. 총격전 끝에 움막을 점령했지만 몸이 홀딱 젖은 탓이었는지 말라리아에 걸려 열이 42℃까지 치솟아 꼼짝할 수 없게 되었다. 그러던 어느 날, 자리에 누워 있는데 커다란 날개를 가진 적기의 마크가 다가오는 것이 보였다. 방공호로 피하려고 했지만 몸이 말을 듣지 않았다. 그 자리에서 공격을 당했다.

폭풍과 함께 왼쪽 팔에 충격이 느껴진 순간, 곧바로 둔통이 찾아왔다. '맞았구나!' 하고 생각하는 사이 점점 고통이 심해져 말도 할 수 없게 되었다. 피를 양동이 한 통 정도는 흘린 듯했다. 다음 날, 군의가 와서 주머니칼로 팔을 절단했는데 그때는 의식이 몽롱해서 아픈 줄도 몰랐다. 그 후, 구더기가 들끓어 위생병이 크게 고생했다.

위생병이 "이런 상태에서 말라리아가 재발하면 가망이 없다"고 했지만 기적적으로 살아남았다. 신이 살려준 것인지도 모른다.

두 달쯤 지나 마지막 다이하쓰가 식량을 싣고 왔다.

"부상자는 배를 타라"고 해서 저녁 무렵 강가로 갔다. "이 배는 적의 어뢰정에 발각되어 99% 확률로 포격을 당할 것이 분명하니 포격을 당하면 배를 떠나지 말고 꼼짝 말고 있어라"며 긴장된 표정으로 하는 말을 들으니 코코포까지 갈 수 있을지 걱정이 되었다.

출항 후 5분 정도 지나자 바다가 거칠어지면서 파도가 들이쳐 온몸이 바닷물에 흠뻑 젖었다. 그날 밤 풋풋(Put Put)이라는 곳에 도착했다.

낮에는 적이 근처를 맴돌아 이동할 수 없기 때문에 풋풋강에 정박해 나뭇가지 등으로 배를 가리고 배 안에서 가만히 숨어 있었다.

밤이 되자 다시 출발했다. 선장은 승선했을 때와 똑같은 말을 해 긴장시켰다. 그리고 7, 8시간쯤 지났을까, 기적적으로 어뢰정을 피해 코코포에 상륙했다. '행운'이라고밖에 표현할 길이 없다.

　한밤중에 야전병원에 도착해 정신없이 잠에 빠졌다가 갑자기 눈을
떴다. 갑자기 쏟아지는 스콜로 지붕에 구멍이 뚫리면서 빗물이 이마
를 강타한 것이었다. 깜짝 놀라 "악!" 하는 소리가 튀어나왔지만 졸음
은 이길 수 없었다. 말라리아가 재발한 것이다.

　적기는 한밤중에 조명탄까지 동원해 또 공습을 퍼부었다. 방공호에
서는 나처럼 부상해 '입원'한 병사가 목숨을 잃기도 했다. 팔다리를 잃
은 병사들은 라말레(Ramale)라는 곳에 모여 있었는데 이곳으로 옮겨질
무렵에는 꽤 건강을 되찾은 후였다. 라말레에서는 매일 새벽 5시에 일
어나 밭일을 했다. 모든 작업은 위생 대위가 지시했는데 한 사람은 '가
지'라는 별명으로 불렸으며, 다른 한 사람은 친절한 군의관 대위였다.
군의관은 가끔 군도를 차는 것도 잊을 정도의 대단한 휴머니스트. 큰
소리로 '오 솔레 미오' 같은 노래를 부르다 '가지'에게 혼이 나기도 했
다. 라말레에서는 이전에 비해 조금은 인간답게 생활할 수 있었다.

　아침 점호 시간에는 늘 꼴찌로 나타나고, 근무 중 갑자기 사라지기
도 했던 나는 장교실의 요주의 인물이었다.

　밥이 부족해 항상 배를 곯았다. 매일 파파야 뿌리를 캐서 반합 한
가득 먹었지만 맛이 없는 데다 그마저도 다 떨어지고 말았다. 근무
중에 식량을 구하러 다니다 정글에서 커다란 고사리를 발견했지만
도저히 먹을 만한 것이 아니었다(끈적끈적한 데다 아린 맛까지 있었다).

　말라리아에 목욕은 금물이다. 무심코 손수건으로 몸을 닦았다가
열이 40℃나 치솟아 어두운 방공호 안에서 일주일간 잠만 잤다.

　조금 회복돼서 밖을 내다보면 토인 아이 하나가 가끔 지나갔다. 비
가 내리면서 길이 강으로 변한 듯했다. 평소에는 그냥 길이었기 때문
에 토인들이 지나다니는 것이다.

　밤에는 벌레들이 요란하게 울어대며 자연의 오케스트라를 연출했
다. 어찌 된 일인지 모기가 별로 없었다.

　다음 날, 토인 마을에 가려고 길을 나섰는데 "타다다닥, 펑" 하는 요란한 소리가 들려왔다. 공중을 맴돌던 적기가 기총소사를 퍼부은 것이다. 폭음이 계속되는데도 주의를 기울이지 않아 당한 일이었다.

　몸의 중심을 잡지 못해 넘어졌다. 대각선으로 길을 가로지른 것이 잘못이었던 것 같다. 적기는 끈질기게 선회하며 공격해왔다. 야자나무 그늘에 숨었더니 죽은 줄 알았는지 겨우 적기가 떠났다.

　막사로 가는 길은 앞서 말했듯 평소에는 모래가 깔린 길이지만 비가 오면 강으로 변하는 이상한 길이었다. 이 길을 따라 상류로 가면 어떻게 될지 궁금했던 나는 하루는 그 길을 터벅터벅 걸어갔다. 어느새 길이 사라지더니 토인의 발자국이 찍힌 작은 길이 나왔다.

　그 길을 따라가자 가파른 낭떠러지가 나타나더니 커다란 빵나무가 있는 곳이 나왔다. 1m 정도의 암벽을 뛰어넘자 열매가 가득 달린 커다란 빵나무가 있었다. 그 아래가 산울타리를 두른 토인 마을이었다. 이렇게 멋진 곳이 있다니 하고 다가가보았다.

　한 노파와 소년을 마주쳤는데 노파가 빙긋 웃으며 고개를 끄덕이
듯 인사했다. 나도 웃으며 고개를 숙였다.

　노파의 이름은 이칼리안, 소년은 토페트로라고 했다. 이칼리안이
감자를 먹어도 된다는 몸짓을 해서 사양하는 척도 않고 전부 먹어버
렸다.

　기둥 위에 지은 움막에서 나온 신혼부부 토유트와 에프페가 먹을 게
없는 것을 보고 화를 냈지만 이칼리안이 두세 마디 하자 진정되었다.

　토페트로는 영리한 소년이었다. 전황에 대해서도 잘 알고 있었으
며, 연애에 대한 이야기도 하곤 했다.

　하루는 에프페의 집 천장에 책이 있어 보았더니 로마자로 쓰인 캐
나다어 성경이었다. 재미 삼아 소리 내어 읽었는데 파울로라는 이름
이 계속 나왔다. 그때마다 다들 웃음을 터뜨렸다. 그 후로 나는 '파울
로'라고 불리게 되었다.

토인들과 친해진 나는 점점 건강을 되찾았다. 상처도 아물어갔다.

누가 봤는지 토인 마을에 드나드는 것이 문제가 되어 가지 대위에게 다시는 토인 마을에 가지 말라는 주의를 받았다.

말라리아가 나으면서 아침 작업에 나가게 되었다. 팔이 하나뿐인 상사와 함께 변소에서 인분을 퍼서 산 위에 있는 밭에 가져다 뿌리는 일을 맡게 되었다.

전쟁터에 편리한 도구가 있을 리 없다. 널빤지를 이용해 통에 인분을 퍼 담는데 "끄억, 끄억" 하고 기합을 넣으며 작업했다. 기합을 넣어야 할 만큼 인분이 단단하고 차졌기 때문이다. 느릿느릿 하다가는 아예 손쓸 수 없게 되므로 "끄억" 하고 널빤지를 넣고, "끄억" 하고 널빤지를 꺼내, "끄억" 하고 통에 퍼 담는 것이다. 바짝 마른 밭에 인분을 뿌릴 때도 마찬가지이다. 퍼서 뿌리는 동시에 들어야 한다. 슬슬해서는 인분이 널빤지에 들러붙어 떨어지지 않는다.

　제대로 먹지도 못하고 매일 작업을 하면 지치게 마련이다. 가끔 휴식 시간에 이야기를 나누면 다들 '이렇게 노예처럼 살 바에야 차라리 죽는 게 낫겠다'고 했지만 토인들과 사귀며 즐겁게 지내던 나는 남달리 기운이 넘쳤다.

　다음 날, 휴식 시간을 이용해 이칼리안의 마을로 달려갔다. 모두 모여 "네 밭이다"라는 것이었다. 30평쯤 되는 땅에 고랑을 만들고 감자를 심어놓았다. 내가 좋아하는 보라색 감자의 잎이었다. 속이 보라색인 이 감자는 크기는 작지만 무척 맛있었다. 엄청난 부자가 된 것 같은 기쁨에 밤새 잠을 이루지 못할 정도였다.

　또 에프페의 아버지는 내게 카나카 머니라는 조개껍데기를 주었다. 이걸로 담뱃잎이나 파파야를 살 수 있다고 했다.

　언덕 위는 밤이 되면 빛나는 나무가 있는 그야말로 꿈의 왕국 같은 곳이었지만 하계(下界) 즉, 막사로 돌아오면 따귀 세례가 기다리고 있었다.

늘 얼굴에 근심이 가득한 토베라는 토인의 집에서 스콜을 피하게 되었다. 그는 불을 괄하게 지폈다. "왜 그렇게 불을 지피느냐?"고 묻자 "아토바라나가 들어온다"며 무심히 대답했다. 집 안에 어느 정도 연기를 채워놓지 않으면 요괴 아토바라나가 들어올 수 있다는 것이다. "올해 아내가 아토바라나 때문에 죽었다"며 무덤을 가리켰다.

군도를 자주 잊어버리는 군의관에게 이야기했더니 "그건 아마 말라리아모기를 두고 하는 말인 것 같다"고 분석했다. 그리고 "앞으로 쓸데없이 토인 마을에 드나들지 말라는 방면군의 명령이다"라고 했다.

다음 날, 마을 입구에서 순시를 돌던 가지 대위와 맞닥뜨렸다. 장교실에서 따귀 네 차례. 군율을 어겼으니 감방을 만들어 가두어야 한다는 의견도 있었지만 군의관의 반대로 다행히 감방에 갇히는 것은 피할 수 있었다. 그 후부터는 토페트로와 에프페가 막사 쪽으로 놀러 오게 되었다.

이제 다 나았다고 안심했는데 갑자기 온몸이 나른해졌다. 발열(말라리아)이 만성화된 듯했다. 하루 종일 누워서 공상만 하며 보냈다. 문명 따위가 뭐란 말인가, 종일 얻어맞기나 하고 까딱하면 천황 폐하의 명령이라며 죽기를 강요당한다. 바쁘기만 하고 아무 일도 일어나지 않는다. 그에 비해 토인들은 얼마나 충만한 삶을 살고 있던가. 일본인은 느끼지 못할 여유로움이 있다.

여전히 건빵이나 밥도 삼키지 못하고 열도 내리지 않은 상태에서 갑자기 주사가 무서워 견딜 수 없게 된 나는 군의관을 찾아가려고 비틀비틀 걸어 나왔다. 나중에 알았지만, 그때는 제정신이 아니었다. 의식도 분명치 않은 상태였는데 정신이 들었을 때는 폭우로 강으로 변한 길을 비틀거리며 걷고 있었다. 불덩이 같은 몸에 차가운 비가 닿는 게 어쩐지 기분이 좋았다. 주위는 깜깜했다.

어느새 정글 한복판에서 꼼짝도 하지 못하게 되었다. 움직이는 것은 손가락과 목뿐이었다. '아아, 결국 이런 곳에서 죽는 건가' 하는 생각을 하는 사이 점차 의식이 흐려졌다.

　시끌시끌한 소리가 들리더니 두세 명의 전우와 군의관이 팔과 다리를 들고 방공호 안으로 데려와 링거 주사를 맞혔다.

　병세는 나아졌다 말다를 반복하며 계속 누워 지냈다. 밖에서는 옥쇄의 노래가 들려왔다. 죽음의 기운이 감돌고 있었다. 당장은 살아남았지만 어차피 적이 상륙하면 1년 후에는 죽을 운명이라는 것이 당시 병사들의 생각이었다. 전선은 한참 멀리 떨어진 오키나와 부근이었다. 정글에 묻힌 왼팔이 없는 유골. 1년 후 자신의 모습을 상상하기도 하고 제정신이 아닌 상태로 군의관을 때린 것도 이 무렵이었다.

　그때 토페트로가 바나나와 파인애플 등으로 만든 요리를 나뭇잎에 싸서 가져다주었다. 굉장히 맛있어서 다음 날도, 그다음 날도 하며 두세 달이나 먹다 보니 차츰 건강을 되찾았다. 음식을 가져다 준 토인 아이들에게 뭔가 주고 싶었지만 가진 게 아무것도 없었다.

　멀리서 토인들이 부르는 춤의 노래가 종종 들려오기도 했다.

　무슨 춤인지 궁금해진 나는 토페트로에게 춤을 보여달라고 부탁했다. 그는 "춤의 계절이 와야 한다"고 대답했다.

춤의 계절이 찾아온 무렵에는 나도 꽤 건강해져 있었다. "파울로, 춤의 계절이다." 토인이 말했다. 그런데 하필 취사 당번이었다.

"이봐, 시로이. 바나나 한 송이 줄 테니 나랑 취사 당번 좀 바꿔줘"라고 부탁해놓고 곧장 토인과 함께 정글로 달려갔다. "그러다 헌병에 들킨다!" 하는 소리가 들렸지만 그런 걸 따질 때가 아니었다.

춤은 굉장히 박력 넘쳤다. 여러 사람이 동시에 발을 구르며 지축을 흔드는 소리가 온몸으로 전해졌다. 머리에는 색색깔의 악어며 새 가면 따위를 만들어 쓰고 노래를 부른다기보다는 절규했다. 저도 모르게 "끼오~" 하고 일본인답지 않은 소리를 내질렀다. 몸도 저절로 움직였다. 돌아보니 토인들이 웃고 있었다. 우거진 정글 숲속에서의 춤은 그야말로 예술적이었다. 춤에 심취한 나는 이곳에 머물러 살고 싶어졌다.

다음 날, 전원 집합하라는 명령에 광장으로 갔더니 콧수염을 기른 대위가 포츠담 선언을 수락했다는 소식을 전했다. 병사들은 "그럼 뭐야, 일본이 이겼단 말인가?" 하고 수군거렸다. 정글에서 아무 소식도 듣지 못하던 병사들이 '포츠담 선언'을 알 리가 없었다. 아무래도 일본이 패해 전쟁이 끝난 것 같다는 이야기였다.

종전과 동시에 토마라는 곳으로 이동했다. 거기에는 1km 사방으로 목책이 둘러져 있었는데 목책 밖으로 나가면 안 된다는 것이었다. 이른바 포로였던 것인데 골짜기의 구덩이에서 지상으로 나왔으니 천국에라도 온 것처럼 기뻤다. 여유 시간도 생겨 종이와 연필을 들고 사생을 시작했다. 목책 밖으로 나가면 안 된다는 군율이 있었지만 늘 그렇듯 매일 목책을 넘어 토인 마을로 놀러 갔다. 다음 장에 실린 스케치는 그 2, 3개월간의 이른바 '천국과 같던 시절'에 그린 것이다.

토마에서 보낸 나날

폭격으로 오른쪽 발목을 잃은 성격이 온순한 병장으로, 결혼한 지 두세 달 만에 징집을 당해서인지 입만 열면 아내 이야기를 했다. 굳이 몰라도 될 이야기까지 자세히 들려주었다. 한밤중의 '휴지 소리'까지 정말이지 놀라울 만큼 생생하고 자세한 묘사였다.

이유는 모르겠지만, 토마에 머무는 동안은 날씨가 좋고 바람도 불지 않았다. 하루는 '사역'을 나간 적이 있었다. 내가 맡은 일은 사무실의 물건을 나르는 것이었다.

그때 여러 개의 종이 뭉치를 옮겼다. '이 종이가 있으면 그림을 그릴 수 있을 텐데…' 하는 생각에 하사관에게 "그림을 그리던 사람인데 종이를 좀 주실 수 있습니까?" 하고 조심스럽게 물었다. 그러자 하사관은 종이 다발과 연필 한 자루를 내게 주었다. 그 덕분에 이 30여 장의 그림을 남길 수 있었다. 그런 친절이 없었다면 어떻게 군대에서 병사가 그림 같은 걸 그릴 수 있었겠는가. 그림을 그릴 재료조차 없는 곳이었으니까….

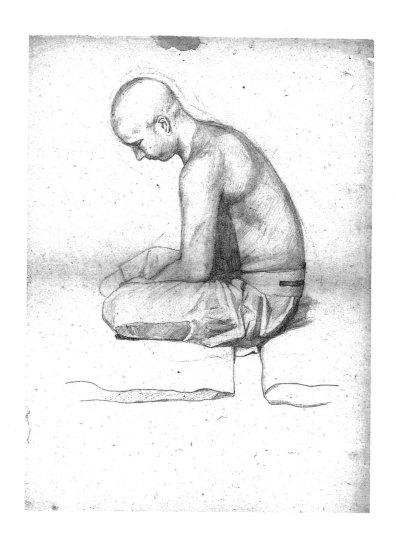

당시 나는 수시로 근처의 토인 마을을 방문했다. A, B, C마을이 있었는데 이 그림 속 마을은 집이 네댓 채 있는 작은 마을이었다. 전쟁 전에 운전사였다는 것을 자랑으로 여기던 이 남자는 매일 집에서 빈둥거렸다. 아내는 밭일부터 식량 운반까지 도맡아 하는 얌전하고 부지런한 부인이었다. 남자는 이야기하는 것을 좋아해서 내가 가면 하루 종일 떠들었다. 마을 사람들은 그를 게으름뱅이라고 했다. 그리고 입을 모아 "얌전하고 부지런한 그의 아내가 불쌍하다"고 했다.

　집 안에는 중앙에 화덕이 하나 있었는데 늘 불이 피워져 있었다. 손님이 오면 이 화덕가에 둘러앉아 이야기를 나누었다. 방석은 야자잎을 엮은 것으로 잘 때는 요로 썼다. 아래는 그냥 땅바닥이었다. 그들은 글자 그대로 흙에서 사는 사람이었다. '흙'에서 온갖 '정기'를 받는 것이리라. 어쩐지 인간과 동떨어진 느낌이 흥미로웠다.

막사의 목책을 넘으면 근처에 교회 터라고 불리는 광장이 있었다. 거기에 작은 움막이 있었다. 하루는 거기서 비를 피하다 키가 큰 토인을 만났다. 건장해 보이는 그를 모델로 삼아 그렸다.

아래에서 올려다보며 그릴 수 없어 자리에 눕도록 해 다리 쪽에서 그렸다.

토인은 그림을 다 그리자 배낭 안에 가지고 다니는 카나카 위스키라고 불리는 빈랑수 열매를 입에 넣고 씹었다. 입안에 위스키가 퍼지면 붉은 침을 뱉었다. 그리고 이내 눈이 풀렸다.

나도 토인에게 부탁해 빈랑수 열매와 카바라고 불리는 가루를 나뭇잎에 싸서 입안에 넣어보았다. 30초도 안 돼 붉은 침이 나오더니 머리가 떵했다. 깜짝 놀라 뱉었더니 토인이 껄껄 웃던 기억이 있다.

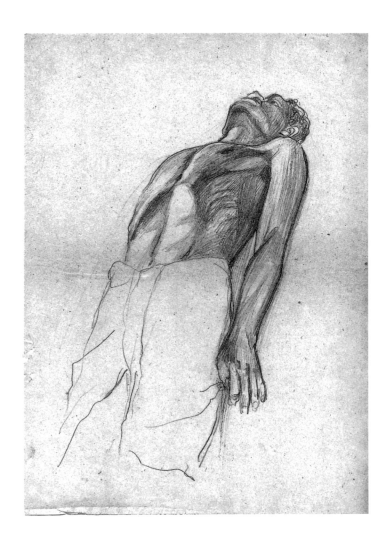

막사(라고는 해도 움막 같은 곳이었지만)가 있는 목책 바깥에 있던 것으로, 오스트레일리아군의 지프였을 것이다. 드럼통과 함께 버려져 있는 모습이 흥미로워 그린 것이다. 그림에 사용한 크레용은 2, 3년 전에 받은 위문봉투 안에 들어 있던 것으로, 1cm 정도 남은 것과 5mm 정도 남은 것이 있었는데 그림을 2, 3장 그리자 닳아서 없어졌다.

전쟁이 끝난 이곳은 얼굴에 모여드는 파리 소리가 시끄럽게 느껴질 만큼 고요하고 평화로웠다.

무엇보다 살아서 돌아간다는 기쁨과 매일 감자를 먹을 수 있다는 기쁨에 행복에 겨운 나날이었다. 전에는 파파야 뿌리 따위를 먹으며 매일같이 머리 위를 맴도는 적기가 기총소사를 퍼부었기 때문에 사는 게 사는 것 같지 않았다.

(178~179쪽 그림)

교회 터라고 불리던 넓은 공터 부근의 오후 풍경. 굉장히 조용해서 파리 소리가 비행기 폭음처럼 들릴 정도였다. 어디든 터벅터벅 걸으면 괜스레 기분이 좋았다. 일본으로 돌아가지 않고 여기서 살고 싶다는 생각을 하게 된 것도 무리는 아니다.

친절한 군의관을 찾아가 상담했다. "10만 명의 병사 중에서 현지 제대를 희망하는 건 자네 하나뿐이네"라고 했지만 일주일 후에도 내 의지가 굳은 것을 보고 진지한 얼굴로 "일단 일본에 돌아가 부모님을 만난 후에 생각해도 되지 않나"라며 설득했다.

그만큼 좋은 곳이었다. 생각해보면 인간은 어디서든 살 수 있다.

(182~183쪽 그림)

토인 마을의 흙에는 풀이 나지 않았다. 발로 잘 다져서인지 부드러운 아스팔트처럼 되어 있어 아침부터 벌거벗은 어린아이들이 흙 위를 기어 다녔다. 그런데 어찌 된 일인지 흙이 거의 묻지 않았다. 흙바닥을 기어 다니던 아기가 손에 묻은 흙을 빨아 먹어도 부모들은 신경 쓰지 않았다.

내가 가장 걱정했던 것은 페케페케(똥)였다. 돼지며 닭이며 아기가 아무데서나 자유롭게 페케페케를 하는 것이었다.

어느 날, 아기가 페케페케를 하고 있었다. 저러다 아기가 자기 페케페케를 먹을까 봐 걱정이 돼서 보고 있는데, 어디선가 나타난 돼지가 페케페케를 깨끗이 먹어치운 후 아기의 엉덩이까지 핥는 것이었다. 어떤 때는 개와 돼지가 페케페케를 두고 다투기도 했다.

이 건강한 아기는 한시도 가만히 있질 않아 스케치하기가 쉽지 않았다. 무척 건강하고 귀여운 아기였다.

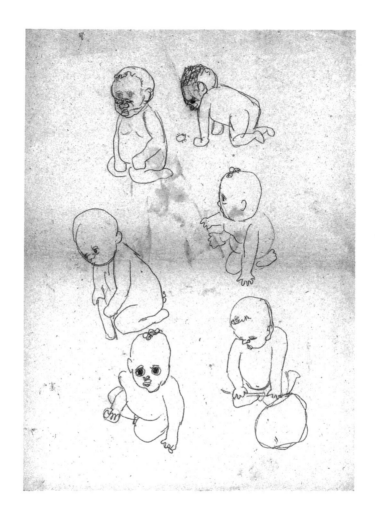

타피오카 떡을 만들어준 토인 마을이다. 무슨 이유에서인지 이 집은 마을 끝자락에 고립되어 있었는데, 젊은 부부와 어린아이(앞에서 말한 건강한 아기)가 살고 있었다.

개, 닭, 돼지가 함께 살았지만 울타리가 없어도 도망치지 않았다. 가끔 닭과 병아리가 정글에 있기에 길을 잃었나 하고 보면 산책하는 중이었다. 한 바퀴 돌고 집으로 돌아가는 모습이 신기했다.

(186~187쪽 그림)

지금은 토인 마을에도 화장실이 있지만 그때는 고양이처럼 작은 구멍을 파고 페케페케를 묻었던 듯하다. 평범한 평지에 페케페케 지대가 있어서 자칫 발을 잘못 들이면 큰일이 난다.

　또 푸스푸스(성교)는 집에서 하지 않고 정글 안에서 했다. 하지만 이걸 목격한 일본인 병사는 전무했다. 그만큼 비밀리에 이루어지는 것이다.

　한 병사의 이야기에 따르면, 푸스푸스는 자리에 눕지 않고 즉, 엉거주춤한 자세로 한다는 것이었다.

목책 밖을 걸어가는 소년이 있기에 불렀는데 그림을 그리는 동안 가만히 서 있어 주었다. 무척 잘생긴 데다 머리도 좋은 소년이었다.

오른손에 들고 있는 것은 야자의 코프라, 왼쪽 어깨에는 손가방을 걸쳤다. 이 손가방은 야자 잎으로 만든 것인데, 남녀노소 할 것 없이 다들 들고 다닌다. 가방 안에는 담뱃잎 두세 장(아이들도 담배를 피운다)과 말린 바나나 잎(이것으로 담뱃잎을 싸서 피운다)이 들어 있었다.

어느 정도 나이가 있는 토인은 카나카 위스키라고 불리는 빈랑수 열매와 카바라고 하는 산호초 가루를 가지고 다녔다. 그것들을 입안에 넣고 어떤 나뭇잎을 함께 씹으면 위스키가 만들어지는데 토인들이 애용하는 것이었다. 그런 것과 카나카 머니라는 조개껍데기 돈을 넣고 다녔다.

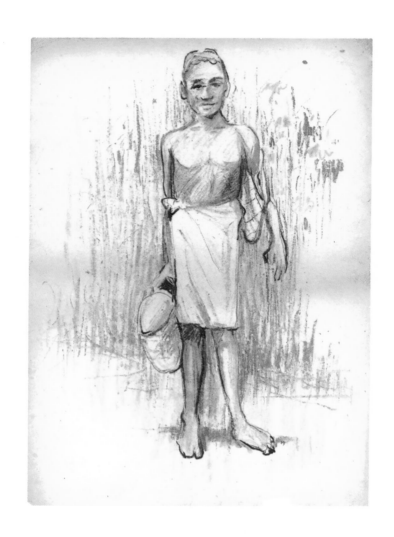

이 노인은 다리가 약한 듯 늘 마을 한가운데서 아이들이 노는 모습을 지켜보고 있었다. "라푼(노인)을 그리겠다"고 하자 한참을 가만히 기다려주었다. 식물과 마찬가지로 그저 살아 있는 느낌이었다. 그 점이 흥미로웠다.

허리에 감은 라푸라푸(허리에 둘러서 입는 옷)는 2, 3년은 빨지 않은 듯 무척 지저분했다. 그들은 목욕 대신 강에 가서 멱을 감는데 강이 멀어 빗물을 모아 몸에 끼얹었다. 물은 나무줄기에 대나무 통을 비스듬히 놓아두면 하룻밤 만에 가득 찬다. 식수로 사용하고 남은 물로 몸을 닦는데 만성 말라리아를 앓는 노인은 그것도 할 수 없다. 몸이 차면 말라리아가 재발하기 때문이다. 가볍게 닦는 정도였기 때문에 깨끗하다고는 할 수 없다.

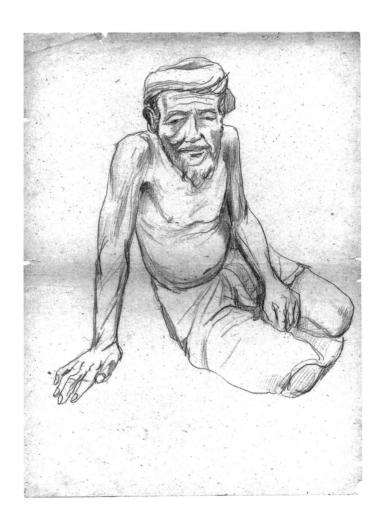

이 노인은 인근에서 가장 큰 마을에 살았다. 여느 토인과 조금 다른 생김새가 흥미로워 그려보았는데 30분쯤 걸려 그림이 완성되기까지 가만히 기다려주었다. 노인 옆에 있는 나무는 마을의 중앙에 있었다. 이 일대의 흙은 사람들이 지나다녀서인지 아스팔트처럼 단단했다.

이 마을에 스무 살 정도의 건강한 청년이 있어서 친하게 지냈는데 하루는 큰 소리로 울고 있었다. 워낙 큰 소리로 울어 이유를 물어보았지만 울음을 그치지 않았다.

노인에게 묻자 오늘 아침 그의 어머니가 말라리아로 세상을 떠났다고 했다. 지금은 그 슬픔을 표현하는 중요한 때라는 것이었다. 나는 놀라서 멍하니 바라보았다. 그 울음은 하루 종일 계속되었던 듯하다. 그의 어머니는 이토록 깊은 애도를 받았던 것이다.

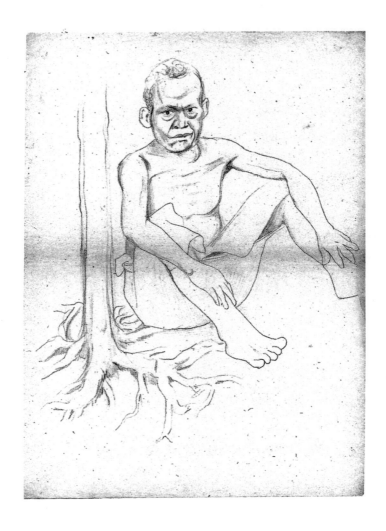

인근의 가장 큰 마을에 사는 아이로 앞에 실은 노인과 같은 장소에서 그랬다. 아이가 앉아 있는 것은 푸른 야자열매인데 안에 든 과즙이 사이다처럼 맛있다.

　무슨 이유에서인지 토인 아이들은 기운이 넘치고 민첩하다. 말만 하면 바로 야자나무를 타고 올라가 열매를 떨어뜨려주었다. 어른들은 귀찮아하며 어지간해서는 나무에 올라가지 않는다.

　그들은 문명인과 달리 시간이 많다. 당시 그들의 생활은 2, 3시간 밭에 나가 일하는 것 외에는 이야기를 하거나 춤을 추는 것뿐이었다. 달밤에는 뭘 하는지 궁금해 가보았더니 달을 보며 이야기를 나누고 있었다.

　이렇게 우아한 생활이 또 있을까? 자연 그대로의 생활이란 바로 이런 게 아닐까? 나는 늘 그런 토인들의 생활이 인간 본연의 생활이라고 생각했다.

　지금도 종종 그때 현지 제대를 했더라면 어땠을지 상상해본다.

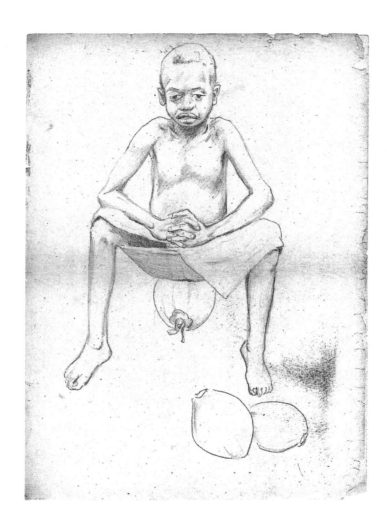

이 메리(처녀)는 미인이었다. 수려한 자태와 기품까지 갖추었다. 하지만 안타깝게도 피부병 때문에 어깨와 허리 주변이 약간 하얗게 변해 있었다. 또 다른 메리들보다 낡고 색이 바랜 옷을 걸치고 있었다. 그래서 미인이었지만 눈에 잘 띄지 않는 처녀였다.

온순해 보이는 그녀에게 모델을 부탁했다. 밤색 머리칼에 큰 눈을 가지고 있었다.

그녀들은 자연 그대로의 냉난방 환경에서 맛없는 음식을 먹고 조악한 집에 살며 아무런 오락거리도 없는(가끔 춤을 추는 정도) 곳에서 만족하며 살아간다. 아무것도 없는 곳이다 보니 가진 것에 만족하는 수밖에 없겠지만 이 만족이라는 것을 얻기가 쉽지 않다. 결국 아무것도 하지 않는 것이라고도 볼 수 있지만, 나는 그런 점이 마음에 들었다.

이 처녀는, 아니 이 처녀뿐 아니라 토인들은 '안분지족(安分知足)'이라는 것을 아는 보기 드문 인간이라고 생각한다. 지금도 여전히 경의를 품고 있다.

멀리 보이는 막사를 그린 그림으로 앞쪽에 나 있는 길로 늘 군용 트럭이 지나다녔다. 비가 오면 길인지조차 알 수 없어지는데 비가 그쳐도 네댓새는 진창길이 된다.

하지만 하늘은 한없이 맑고 작은 새와 벌레가 울어대는 평화로운 곳이었다.

앞에 실은 처녀의 그림을 보면 가슴 부근에 아기 턱받이 같은 것을 걸치고 있는 것을 볼 수 있다. 그것은 가슴을 가리는 용도인데, 이 섬에 선교사가 온 후로 여성들이 가슴을 가리게 되었다고 한다. 그 전까지는 여성들도 허리에 두르는 라푸라푸만 걸치고 가슴은 드러내 놓고 지냈던 듯하다. 백인들은 건강한 반라의 생활을 음탕한 풍속이라고 생각한 것이다.

라푸라푸는 신기하게도 살짝 잡아당기는 정도로는 절대 풀리지 않았다. 3년을 머무르는 동안 라푸라푸가 풀린 것을 본 적이 없다. 대충 걸친 것 같아 보이지만 풀리지 않는 게 신기했다.

(200~201쪽 그림)

이 목책 안쪽에 우리가 머문 막사가 있었다. 울타리 안쪽은 자유롭게 다닐 수 있었지만 바깥쪽은 마음대로 드나들지 못하게 되어 있었다.

이 그림은 내가 늘 다니던 목책 바깥쪽 길에서 그린 것이다. 그림 왼쪽으로 가면 운전사 출신의 게으름뱅이 토인이 사는 마을이 있었다.

길 중간에 움막이 있었는데 어찌 된 일인지 중년의 일본 병사 하나가 거기 머물며 내가 지나갈 때마다 불러 세우는 것이 공포였다. 사정은 모르겠지만 일본 병사가 막사 밖 초라한 움막에 있다는 것이 어쩐지 불길했다. 전염병 따위로 격리된 것인지 아니면 정신병이라도 앓는 것인지 이래저래 생각해봤지만 도무지 알 수 없었다. 그 중년의 병사가 내 그림을 흥미롭게 보는 것이었다. 그것도 한참을 고개를 끄덕이거나 웃으면서⋯. 딱히 미친 사람처럼 보이진 않았다.

목책 밖의 아무도 없는 정글에 혼자 지내는 것이 얼마나 외로웠을까 싶은 생각이 들었다.

(204~205쪽 그림)

204

비가 오거나 추운 날이면 대개 이런 모습. 누워 있는 사람은 하사관인데 '식사 당번'도 하지 않고 '사역'이라고 불리는 작업도 하지 않는다. 이른바 '하느님'이라고 불리는 계급으로 늘 잠만 잤다.

'하느님'은 종전 후에는 때리지 않았지만 전쟁 중에는 종종 주먹을 휘둘렀다. 이렇다 할 이유가 있었던 것도 아니다. 히죽거린다거나 걸음이 느리다거나 하는 이유로 얻어맞는 것이다.

표면적인 이유는 '군기가 빠졌다'는 것이었는데 그런 건 아무 데나 갖다 붙일 수 있었기 때문에 하느님의 심기가 불편하면 언제 어디서든 '군기가 빠졌다'는 이유를 붙여 따귀 세례를 퍼부었다.

내일도 목숨을 부지할 수 있다는 희망이 있으면 모를까, 내일 당장 죽을지 살지도 모르는 곳에서 따귀 세례를 퍼부어대니 미울 수밖에 없었다.

(206~207쪽 그림)

전쟁은 끝났지만 담배 배급 같은 건 여전히 부족했다. 한 달에 20~30개비 정도였을 것이다. 다들 담배 한 개비를 삼등분해 대략 2cm 정도로 자른 것을 피웠는데 그래도 부족했다. 담뱃잎은 귀한 물건이었다.

담뱃잎은 토인의 밭에만 있었다. 그들은 밭을 가든이라고 부르며 일본 병사에게는 절대 그 장소를 가르쳐주지 않았다. 정글 안 어딘가에 있다 보니 찾기가 쉽지 않았다.

하지만 토인들과 친하게 지내며 신뢰를 얻은 나는 종종 그들의 가든으로 안내받았다. 그때마다 밑줄기 쪽에 난 담뱃잎을 받아서 돌아왔다. 그들은 중간 부분의 잎을 좋아해서 밑줄기에 난 잎은 가치가 없는 것으로 취급했다.

나는 단맛이 나는 밑줄기 쪽 잎을 좋아했다. 잔뜩 가지고 막사로 돌아와 전우들에게 나눠주며 말리게 했더니 나를 무슨 마술사처럼 생각하는 것 같았다. 그런 유별난 모습 때문인지 내 이름이 나오면 다들 웃곤 했다.

(210~211쪽 그림)

이 병사는 스물두 살로 최연소 병사였다. 어깨를 다쳐 한쪽 팔을 움직이지 못했다. 막사 안에서는 대개 이렇게 머리에 수건을 두르고 훈도시 한 장만 걸치고 생활했다. 낮에는 푹푹 찌기 때문에 이런 차림으로 지냈지만 해가 지고 다음 날 아침까지는 담요가 없으면 추울 정도였다.

새벽 5시에 일어나 점호를 했다. 점호를 마치면 '식사 당번'이 밥통을 짊어지고 밥을 가지러 갔다. 밥통에 담아온 밥을 각각의 반합에 나누어 담는 것이다. '식사 당번'은 신병들만 했는데 라바울에는 3년 가까이 신병이 오지 않았다. 최후의 파병 부대였던 우리는 마지막까지 '신병'이었기 때문에 마지막까지 '식사 당번'을 맡았다. 이 병사도 신병이었기에 마지막까지 '식사 당번'이며 '목욕 당번'을 도맡았다.

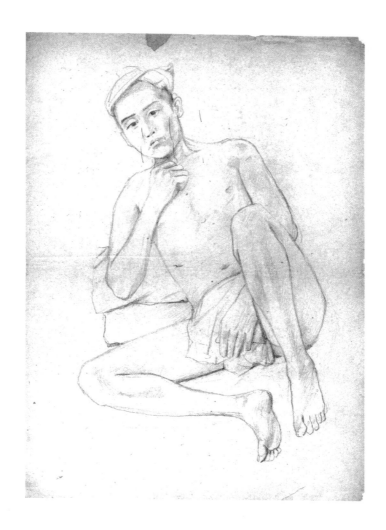

야자열매 안의 코프라를 쇠로 된 톱 따위로 깎아내고 있는 모습을 그렸다.

코프라는 불에 구워도 맛있고 밥과 섞으면 볶음밥처럼 먹을 수 있다.

이 병사는 사이토라는 중년의 병사였다. 마흔 살 정도의 노병으로, 상등병이었지만 하사관급 대우를 받았다. 주름투성이 얼굴에 머리숱도 적었다. 이런 중년의 병사가 사역을 나가 무거운 것을 짊어지거나 하면 다들 마음이 짠했다.

이등병에서 하사관에 이르기까지 병사 중에도 이런 노병들이 종종 있었는데 대개 배려심도 있고 말이 통하는 사람이 많아 신병들에게 인기가 있었다. 이상하게 젊고 건강한 사람 중에는 착한 사람이 없었다.

이 노병이 신은 슬리퍼는 군화로 만든 것이다.

막사 옆에 수송부대가 있었는데 그 수송부대가 폐타이어를 태우면서 만들어진 정글의 공터.

자세히 보면 정글 안쪽에 산이 보이는데 잘 그린 그림이 아니라 주의 깊게 보지 않으면 모를 수 있다.

이렇게 사람의 손이 닿지 않고 자연적으로 생긴 숲에는 꽤 강력한 영령 같은 것이 깃들어 있는 듯하다. 숲에 들어가면 어쩐지 으스스한 기분이 든다.

당시 정글에는 말라리아모기도 있고 벌레도 있었다. 이곳 토마 일대에는 꽤 많은 토인들이 살고 있어서 정글이라기보다는 숲이라고 해야 할지도 모른다.

이때만 해도 전쟁이 끝나 목숨은 건졌지만 언제쯤 돌아갈 수 있을지 알 수 없는 상황이었다. 어떤 병사는 "전원 거세한 후 돌려보낸다더라"며 진지한 얼굴로 말하기도 했다.

이것은 '문어 나무'라고 불리는 거대한 나무를 그린 그림으로, 나무 한 그루가 마치 숲처럼 우거져 있었다. 사람이 옆에 서면 이 그림의 6분의 1 정도에 불과할 만큼 엄청난 거목이다.

　이 나무는 줄기가 많아서 가만히 보고 있으면 미로에 들어온 것 같은 기분이 든다. 안쪽이 텅 비어 있어 사람이 살아도 될 법한 크기의 구멍도 있었다. 거대해지면 신주쿠의 빌딩과도 맞먹는 크기가 될 듯했다.

　문어 나무라는 이름에 걸맞게 50m에 이르는 줄기가 다발을 이루어 자라고, 문어 머리처럼 생긴 윗동아리에는 나뭇잎이 숲처럼 우거져 있었다.

　아래쪽에서 올려다본 탓도 있겠지만 실로 거대한 나무였다. 바람이 불면 "쏴쏴" 하는 울음소리를 내는 거대한 괴물 같았다. 혼비백산이라는 말이 있지만 그땐 정말 '혼비백산'했다.

　아무렇게나 자라 숲을 이룬 고무나무 안에 들어갔을 때도 묘한 기분이 들었다. 마치 '고무가 된 듯한 기분'이었던 것도 같다. 이때도 '혼비백산'했다.

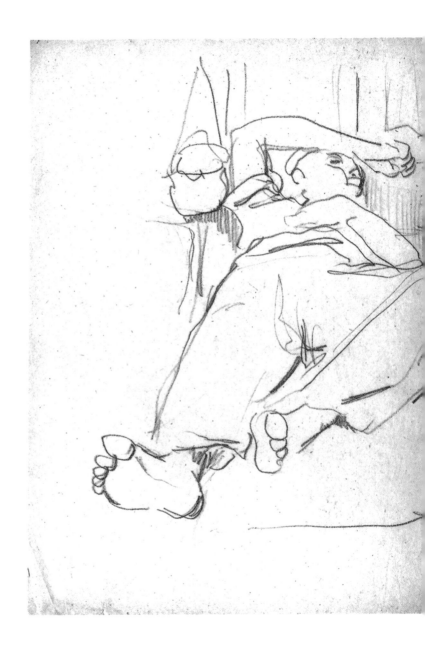

신병들이 낮잠을 자려고 누워 '언제쯤 돌아갈 수 있을지' 이야기하는 모습을 그린 그림이다. 라바울에서 3년을 머물렀지만 신병이 낮잠을 잘 수 있었던 것은 이 2, 3개월뿐이었다.

병사들로서는 매우 드문 일이었다. 하루 종일 일하는 것이 병사의 소임이었기 때문에(팔다리가 없는 병사도 낮잠을 잔다는 것은 용납되지 않았다) 낮잠을 잘 수 있다는 것은 그야말로 천국에 온 기분이었다.

이 무렵 나는 군대의 모포를 몰래 빼내 토인에게 선물하기도 했다. 수시로 바나나 두 송이 정도를 받아오기도 했다. 그래서인지 나만 점점 살이 오르고 건강해졌다.

모포를 준 토인과 친구가 되었는데, 내가 놀러 갈 때마다 맛있는 음식을 대접해주었다. 원래는 막사 밖으로 나가는 것이 금지되어 있었다.

그림을 그릴 화판이 없어 낡은 철판을 두드려 펴서 화판을 만들었다.

(220~221쪽 그림)

수송부대 입구의 진창길로, 항상 트럭이 지나다니다 보니 길바닥이 울퉁불퉁해진 모습이 재미있어 그려보았다. 이날은 비가 오락가락했다.

　이때는 일본에 돌아가도 정부에서 팔다리가 없는 사람을 위한 의수나 의족을 만들 여력이 없었을 것이다. 그래선지 통조림 캔을 모아 의수나 의족을 만드는 공장이 들어서 그곳에서 팔다리를 잃은 병사들을 위한 양철 팔이며 다리를 제작했다.

　나도 그곳에서 만들어준 희한한 모양의 의수를 일본까지 가지고 돌아왔다. 설령 도움이 되지 않더라도 그걸 만들어준 마음이 고마워 다들 소중히 가지고 왔다.

　이 무렵 식사는 매일 세 끼가 감자밥이었다. 감자밥이라고 해봤자 감자 사이에 쌀 같은 것이 별처럼 흩뿌려져 있는 느낌이었다.

(224~225쪽 그림)

병사들의 숙영지 안에 있는 길을 그린 것으로 정글의 큰 나무만 남기고 아래쪽 수풀을 정리해 만들었다. 화면 앞쪽에 보이는 길로 무척 아름다웠다. 근처 공터에도 막사를 지을 예정이었으나 오스트레일리아군의 방침에 따라 1만 명 단위의 집단이 만들어지면서 아름다운 토마에서의 생활은 2, 3개월 만에 끝이 난다. 굉장히 쾌적한 곳이었다.

이곳을 떠날 때 토인에게 질 좋은 훈도시(새것)를 주고 타피오카라는 감자 같은 식물로 만든 타피오카 떡을 받았다. 달진 않았지만 고급 떡처럼 매우 맛있었던 기억이 있다.

나는 이곳에서 트럭에 실려 꼬박 하루가 걸리는 가젤(Gazelle)곶이라는 곳으로 옮겨졌다. 오자마자 매일같이 중노동에 시달렸다. 종전 후의 따귀 세례는 전쟁 중일 때만큼은 아니었지만 팔이 하나뿐이라도 모기장을 제대로 못 치거나 하면 따귀를 얻어맞았다. 결국 일본에 돌아갈 때까지 따귀 세례는 피하지 못했다.

(226~227쪽 그림)

라바울을 떠나며

마침내 토인들과 작별을 고해야 할 때가 왔다. 그 사실을 알리자 그들은 "후와" 하고 공기가 빠져나가는 듯한 소리를 냈다. 이칼리안은 "일본에 돌아가면 안 된다. 우리 마을에서 함께 살자"고 했다. 그러자 너도 나도 "그래, 그래", "네가 여기 남으면 밭을 만들어주겠다", "집도 지어주겠다", "춤도 보여주겠다"는 것이었다.

침상에 누워 어쩌면 좋을지 생각했다. 일본으로 돌아가 군대에서처럼 일만 하느니 이곳에서 느긋하게 일생을 보내는 편이 좋을지도 모른다.

현지 제대라는 것도 가능하다는 이야기를 들었기 때문에 군의관을 찾아가 의논했다. "일단 본토로 돌아간 후에 생각해도 늦지 않다"는 강한 설득에 못 이겨 토인들에게 그런 취지를 알리자 "몇 년이면 돌아올 것이냐?"며 추궁당했다. "10년 안에 오겠다", "오! 그땐 다 죽고 없다. 3년 안에 와라!" 같은 대화가 오가다 7년 후에 꼭 다시 오겠다는 약속으로 결론이 났다.

다음 날은 마침내 이 땅을 떠나는 날이었다. 하늘에는 매일 보이던 적기도 보이지 않고 이상할 정도로 조용했다. 누군가 "저기 봐, 토인들이야"라고 해서 돌아보니 토페트로와 에프페가 풀 죽은 얼굴로 서서 "모두 마을에서 기다리고 있다"고 했다. 군 업무를 처리하고 철수 준비를 해야 했지만 일단 따라나섰다.

그들은 송별회를 준비해주었다. 감자밭이며 춤 이야기를 나누고, 돌아올 때는 배로 올 것인지 따위로 이야기꽃을 피웠다. 끝으로 토베가 손을 내밀자 술렁이기 시작하며 다들 일제히 손을 내밀었다. 트럭이 출발할까 봐 조마조마했지만 굳은 악수에 담긴 진심을 느낄 수 있었다. 이곳이야말로 마음의 낙원이 아닐까. 가진 것이 없어도 즐겁다. 이것이 진짜 인간의 생활인 것이다.

트럭은 흙먼지를 일으키며 출발했다. 뿌연 먼지 너머로 손을 흔들고 있는 토페트로와 에프페가 보였다. 모두 울고 있는 듯했다.

'7년 후 반드시 돌아오겠다'고 마음속으로 다짐했다. 금방 다시 돌아올 수 있을 거라고 생각했는데 23년의 긴 이별이 되고 말았다.

나중에 생각해보니 노모인 이칼리안이 가장 친절했다. 이칼리안의 명령으로 내게 밭도 만들어주고 과일 따위도 가져다주었던 것이다.

소년들은 이칼리안의 심부름을 한 것이지 자발적인 행동은 아니었을 것이다.

후에 이칼리안의 묘를 참배했는데 이제 와 생각하면 당시 이칼리안은 '여추장'이었던 것 같다. 그때는 아무것도 몰랐다.

마치며

23년 만에 라바울을 방문했지만 장소를 찾을 수 없었다.

빙빙 돌았지만 나무며 숲이며 예전 그대로가 아니었다. 두세 시간이 경과하자 운전사가 "돌아가자"고 했다. "그러죠" 하고 포기하려던 때 토페트로의 처남 토마릴을 만났다. 토마릴은 무척 흥분하며 토페트로가 있는 곳으로 안내했다.

토페트로는 한참을 나오지 않았다. 29년 전 소년이 이제는 아저씨가 되어 있었다. 다른 토인들과 함께 있었는데 알아보지 못했다. 처음에는 서먹서먹하게 악수를 나누었다.

그 후로 몇 번쯤 방문했는데 한번은 토페트로의 집에서 일주일이나 머물기도 했다.

당시 집 안에는 발 디딜 틈도 없을 만큼 여러 명의 젊은이들이 자고 있었는데 화장실에 가다 실수로 그들의 얼굴이나 가슴을 밟기도 했다.

그때는 '참으로 천하태평이구나' 하는 생각을 했는데 지금 생각해 보니 토페트로의 깊은 배려였다.

전기도 들어오지 않는 어두컴컴한 곳이었기에 누구 하나 죽어도 모를 일이었다. 일본군에게 혹사당하거나 가족을 잃은 사람도 있었기 때문에 '과거 일본군이었던 자가 왔다'고 하면 앙심을 품는 사람도 있을 터였다.

그런 일들까지 고려해 여러 명의 젊은이들을 내 옆에 재운 것이었다.

그런 사정을 나는 65세가 지났을 무렵에야 알게 되었다. 토페트로는 나보다 훨씬 젊었을 때부터 생각이 깊었다.

5, 6년 전쯤 중고 자동차를 선물했는데 그때 그는 "이제야 과거에 베푼 은혜를 갚는구나"라고 말했다.

그 말을 듣기 전까지 깨닫지 못했지만 그들의 입장에서도 나를 크게 도와주었던 것이다. 그래서인지 한결 편하게 머물 수 있었다.

1년 전 '토페트로가 세상을 떠났으니 얼른 오라'는 편지를 받았지만 바로는 갈 수 없어 두세 달쯤 지나 방문했더니 장례식은 2년 후라는 것이었다.

그들의 장례식에는 '춤'이 많기 때문에 돈이 드는 듯했다.

내가 그곳에 도착하기 2, 3일 전, 토페트로의 아들이 꿈을 꾸었는데 토페트로가 포코포코라는 춤에 사용하는 인형을 들고 나왔다고 했다.

기억을 더듬어보니 포코포코는 10년 전 토페트로가 밤을 새워 만든 것으로 지금도 생생히 기억하고 있는 도크도크라는 춤을 모방한 것이었다.

포코포코를 들고 나타났을 때 내가 굉장히 인상 깊게 보았던 것을 알고 꿈에서까지 나타난 것이라고 했다.

그의 아들은 포코포코를 든 토페트로가 '조만간 파울로(미즈키)가 올 테니 정성껏 대접하라'고 말했다고 했다. 아들은 그때까지 한 번도 토페트로의 꿈을 꾼 적이 없다고 했다.

이른바 예지몽 같은 것이었을까? 잘은 모르겠지만 분명 '영적'인 체험을 한 것이다. 그런 이야기를 들으니 어쩐지 남의 일이 아닌 운명적인 느낌이 들었다.

남방 전선으로 출발하는 날,
기후의 연병장에서 아버지와
찍은 기념사진(1943년).

라바울에서 고향에 계신 어머니
에게 쓴 엽서(1944년).

『라바울 전기』를 그리
던 무렵의 나(1950년).

전쟁이 끝난 후 처음으로 라바울을 방문했을 때의 나
(1969년).

미즈키 시게루의 라바울 전기

초판 1쇄 인쇄 2022년 6월 10일
초판 1쇄 발행 2022년 6월 15일

저자 : 미즈키 시게루
번역 : 김효진

펴낸이 : 이동섭
편집 : 이민규, 탁승규
디자인 : 조세연, 김형주
영업 · 마케팅 : 송정환, 조정훈
e-BOOK : 홍인표, 서찬웅, 최정수, 김은혜, 이홍비, 김영은
관리 : 이윤미

㈜에이케이커뮤니케이션즈
등록 1996년 7월 9일(제302-1996-00026호)
주소 : 04002 서울 마포구 동교로 17안길 28, 2층
TEL : 02-702-7963~5 FAX : 02-702-7988
http://www.amusementkorea.co.kr

ISBN 979-11-274-5390-9 03910

창작을 위한 아이디어 자료

AK 트리비아 시리즈

-AK TRIVIA BOOK

민족의상 1, 2
　시대가 흘렀음에도 화려하고 기품 있는 색감

중세 유럽의 복장
　특색과 문화가 담긴 고품격 유럽 민족의상 자료집

그림과 사진으로 풀어보는 이상한 나라의 앨리스
　매혹적인 원더랜드의 논리를 완전 해설

그림과 사진으로 풀어보는 알프스 소녀 하이디
　하이디를 통해 살펴보는 19세기 유럽사

영국 귀족의 생활
　화려함과 고상함의 이면에 자리 잡은 책임과 무게

요리 도감
　부모가 자식에게 조곤조곤 알려주는 요리 조언집

사육 재배 도감
　동물과 식물을 스스로 키워보기 위한 알찬 조언

식물은 대단하다
　우리 주변의 식물들이 지닌 놀라운 힘

그림과 사진으로 풀어보는 마녀의 약초상자
　「약초」라는 키워드로 마녀의 비밀을 추적

초콜릿 세계사
　신비의 약이 연인 사이의 선물로 자리 잡기까지

초콜릿어 사전
　사랑스러운 일러스트로 보는 초콜릿의 매력

판타지세계 용어사전
　세계 각국의 신화, 전설, 역사 속의 용어들을 해설

세계사 만물사전
　역사를 장식한 각종 사물 약 3,000점의 유래와 역사

고대 격투기
　고대 지중해 세계 격투기와 무기 전투술 총망라

에로 만화 표현사
　에로 만화에 학문적으로 접근하여 자세히 분석

크툴루 신화 대사전
　러브크래프트의 문학 세계와 문화사적 배경 망라

아리스가와 아리스의 밀실 대도감
　신기한 밀실의 세계로 초대하는 41개의 밀실 트릭

연표로 보는 과학사 400년
　연표로 알아보는 파란만장한 과학사 여행 가이드

제2차 세계대전 독일 전차
　풍부한 일러스트로 살펴보는 독일 전차

구로사와 아키라 자서전 비슷한 것
　영화감독 구로사와 아키라의 반생을 회고한 자서전

유감스러운 병기 도감
　69종의 진기한 병기들의 깜짝 에피소드

유해초수
　오리지널 세계관의 몬스터 일러스트 수록

요괴 대도감
　미즈키 시게루가 그려낸 걸작 요괴 작품집

과학실험 이과 대사전
　다양한 분야를 아우르는 궁극의 지식탐험!

과학실험 공작 사전
　공작이 지닌 궁극의 가능성과 재미!

**크툴루 님이 엄청 대충 가르쳐주시는
크툴루 신화 용어사전**
　크툴루 신화 신들의 귀여운 일러스트가 한가득

고대 로마 군단의 장비와 전술
　로마를 세계의 수도로 끌어올린 원동력

제2차 세계대전 군장 도감
　각 병종에 따른 군장들을 상세하게 소개

음양사 해부도감
　과학자이자 주술사였던 음양사의 진정한 모습